国际工程教育丛书

徐立辉 李晶晶 朱盼 李超 编著

新能源领域工程科技人才培养与战略研究

清华大学出版社
北京

版权所有，侵权必究。举报：010-62782989，beiqinquan@tup.tsinghua.edu.cn。

图书在版编目（CIP）数据

新能源领域工程科技人才培养与战略研究 / 徐立辉等编著. -- 北京：清华大学出版社，2024.7. --（国际工程教育丛书）. -- ISBN 978-7-302-66637-0

Ⅰ．F426.2

中国国家版本馆 CIP 数据核字第 2024VB9404 号

责任编辑：马庆洲
封面设计：常雪影
责任校对：赵丽敏
责任印制：沈　露

出版发行：清华大学出版社
　　　　网　　址：https://www.tup.com.cn，https://www.wqxuetang.com
　　　　地　　址：北京清华大学学研大厦 A 座　　邮　编：100084
　　　　社 总 机：010-83470000　　邮　购：010-62786544
　　　　投稿与读者服务：010-62776969，c-service@tup.tsinghua.edu.cn
　　　　质量反馈：010-62772015，zhiliang@tup.tsinghua.edu.cn
印 装 者：河北鹏润印刷有限公司
经　　销：全国新华书店
开　　本：165mm×240mm　　印　张：8.75　　字　数：140 千字
版　　次：2024 年 7 月第 1 版　　印　次：2024 年 7 月第 1 次印刷
定　　价：59.00 元

产品编号：105953-01

总　序

近年来，中国工程院设立工程科技咨询研究课题，开展了"工程教育改革与发展研究""创新型工程科技人才培养研究""建立具有国际实质等效性的中国高等工程教育专业认证制度研究""院校工程教育的工程性与创新性问题研究""工程教育专业认证制度与工程师注册制度衔接问题的研究""国际工程教育合作战略研究""'一带一路'工程科技人才培养及人文交流研究""构建工程能力建设研究"等一系列课题研究。这些研究具有重要的理论意义和现实意义，是加快我国创新型国家建设的迫切需要，是推动工程师培养制度改革的需要，是促进工程科技人才培养与人文交流的需要。这些课题的研究有利于提出相关政策建议，对于深化工程科技人才培养、鼓励和引导工程科技人才成长具有重要的战略意义。

特别要强调的是，在中国工程院和清华大学共同申请和推动下，2015年11月经联合国教科文组织（UNESCO）第38次大会批准，2016年6月联合国教科文组织国际工程教育中心（ICEE）在北京正式签约成立。该工程教育中心以联合国教科文组织"可持续发展"的宗旨和原则为指导，以推动建设平等、包容、发展、共赢的全球工程教育共同体为长期愿景，围绕全球工程教育质量提升与促进教育公平的核心使命，致力于建设智库型的研究咨询中心、高水平的人才培养基地和国际化的交流合作平台。

目前，国际工程教育中心研究人员牵头承担或作为核心成员参与联合国教科文组织、中国工程院、国家自然科学基金委、国家教育部委托的重大咨询研究项目，在提升中心的国际影响力、政策影响力和学术影响力等方面发挥越来越大的作用。

为了更好地反映国际工程教育发展的过程和趋势，反映工程教育中心的研究成果，拟将近年来完成的报告、论文等汇集出版。

这些资料真实地记录了近些年来我国工程教育研究的发展进程。这些成果作为工程教育的研究方法和政策过程是有一定的回顾意义和现实意义的，反映了我国工程教育发展进程中的历史价值，以供后来者对工程教育研究历史进行梳理和追溯。

世界处于百年未有之大变局中，工程科技突飞猛进既是百年变局的一项基本内容，也是百年变局的基本推动力量。全球科技创新进入空前密集活跃的时期，这对于工程领域人才培养和人文交流模式变革，对于提高国家竞争力都提出了非常迫切和现实的要求。可以说，这就是我们编写和出版此书的意义所在。

培养造就大批德才兼备的卓越工程师，是国家和民族长远发展大计。工程教育和工程师培养是国家人才战略的重要组成部分，人才培养为推进新型工业化、推进中国式现代化提供了基础性战略性支撑。当前，广大工程教育工作者和广大工程师以与时俱进的精神、革故鼎新的勇气、坚韧不拔的定力、不断突破关键核心技术，铸造精品工程、"大国重器"。

工程教育界的同仁们牢记初心使命、胸怀"国之大者"，矢志爱国奋斗、锐意开拓创新，不断提升国家自主创新能力，更好满足人民日益增长的美好生活需要，为加快实现高水平科技自立自强、建设世界科技强国作出突出贡献。

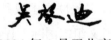

2024年1月于北京

[吴启迪，教授，联合国教科文组织国际工程教育中心（ICEE）副理事长兼中心主任，清华大学工程教育中心主任，曾任教育部副部长、同济大学校长等职。]

目　录

导言 / 1

第一章　全球新能源领域的战略发展动向与竞争格局 / 2
　　一、欧洲 / 2
　　　　（一）丹麦新能源领域的战略发展动向 / 2
　　　　（二）德国新能源领域的战略发展动向 / 5
　　　　（三）法国新能源领域的战略发展动向 / 9
　　　　（四）欧洲新能源领域的竞争格局 / 13

　　二、北美 / 14
　　　　（一）美国新能源领域的战略发展动向 / 14
　　　　（二）加拿大新能源领域的战略发展动向 / 22
　　　　（三）北美新能源领域的竞争格局 / 29

　　三、澳大利亚 / 32
　　　　（一）澳大利亚新能源产业发展背景与战略 / 32
　　　　（二）澳大利亚新能源产业技术创新 / 36
　　　　（三）澳大利亚新能源产业人才培养 / 37

　　四、东亚 / 38
　　　　（一）日本新能源产业发展战略与趋势 / 38
　　　　（二）韩国新能源产业发展战略与趋势 / 40

第二章　全球高校新能源领域创新型工程科技人才培养 / 43
　　一、跨学科整合的新能源人才培养——柏林工业大学 / 43

二、面向应用研究的"合同科研"人才培养模式
　　——德国弗劳恩霍夫协会 / 46
三、可持续能源设计的人才培养——丹麦技术大学 / 48
四、跨学科通用型人才培养模式——麻省理工学院 / 52
五、可持续能源领军人才的示范基地——斯坦福大学 / 56
六、能源系统工程师的培养——多伦多大学 / 59
七、未来能源系统工匠的培养——阿尔伯塔大学 / 62
八、再生能源工程师的摇篮——新南威尔士大学 / 65
　　(一) 课程体系 / 65
　　(二) 实践 / 67
　　(三) 师资队伍 / 70
　　(四) 就业机会 / 70
九、培养跨学科解决问题的人才——东京工业大学 / 70
十、培养通用型能源工程人才——汉阳大学 / 72

第三章　我国新能源领域的战略发展动向、技术创新与人才培养 / 75

一、我国新能源领域的战略发展动向分析 / 75
　　(一) 我国新能源产业现状 / 75
　　(二) 我国新能源发展趋势 / 76
　　(三) 我国新能源战略政策 / 78
二、我国新能源领域的技术创新趋势分析 / 79
　　(一) 新能源技术发展趋势 / 79
　　(二) 新能源领域创新技术 / 80
三、我国新能源领域人才培养比较分析 / 82
　　(一) 全球新能源发展战略国家比较 / 82
　　(二) 我国新能源领域人才培养差距 / 84

第四章　我国新能源领域创新型工程科技人才培养模式 / 87

一、从对口支援到对口合作——清华大学、青海大学 / 87
　　(一) 青海省新能源发展现状及趋势 / 87
　　(二) 青海大学新能源人才培养 / 89

二、政校企协同育人推动产业发展——青海省政府、国家电网公司 / 91

三、储能技术政产学研合作新模式——西安交通大学、华北电力大学、天津大学 / 93

四、中外联合培养卓越工程师——上海交通大学巴黎卓越工程师学院 / 99

第五章　新时期我国新能源领域创新型工程科技人才培养的政策建议 / 101

一、我国新能源领域人才培养的差距 / 101

二、我国新能源领域人才培养政策建议 / 102

 （一）学科建设：设置学科专业引导发展清单，促进专业产业同步发展 / 103

 （二）区域发展：加强区域高端人才培养，解决资源人才配置错位问题 / 103

 （三）产学合作：建立新能源跨学科合作机制，推动校企合作成果转化 / 104

 （四）师资培养：强化新能源师资队伍建设，完善师资培养与考核机制 / 105

 （五）人才保障：加快新能源领域人才培养与引进，实施保障激励政策 / 105

附录1　访谈提纲 / 107

附录2　调研报告 / 109

附录3　美国水电劳动力：机遇与挑战（报告摘选） / 114

后记 / 129

导　　言

随着科学工程技术的不断进步，新能源相对传统化石能源逐渐体现出清洁、经济、环保和可持续等无可替代的优势。能源的绿色低碳转型已经成为全球新一轮产业革命和科技革命最重要的驱动力之一。当前，世界各国结合各自的能源资源禀赋，在新能源领域积极开展战略布局，加快新能源领域的工程科技人才培养，加速推进能源转型。

本报告选取在新能源领域发展具有比较优势的丹麦、德国、法国、美国、加拿大、日本、韩国、中国及澳大利亚，对各国的新能源战略发展动向和竞争格局进行研判，对上述国家在新能源领域的技术创新、人才培养等方面进行了分析。新能源可持续发展离不开工程科技人才培养，报告还剖析了欧洲、北美、东亚等高校和科研机构在新能源领域人才培养的典型模式，总结了我国新能源领域人才培养的典型经验。

与欧美发达国家相比，我国新能源领域人才培养存在学科建设相对滞后、区域人才储备、自主创新能力、政产学研合作、师资队伍建设、人才保障措施不足等差距。在分析世界主要国家新能源发展战略比较的基础上，借鉴主要发达国家工程科技人才培养的典型模式，结合我国新能源领域人才培养的典型经验，针对新时期我国新能源领域的工程科技人才培养，从学科建设、区域发展、产学合作、师资培养、人才保障五个方面提出十条政策建议。

"十四五"是我国实现碳达峰的关键期、推进碳中和的起步期，新能源领域创新型工程科技人才培养至关重要。研究报告以期为加快我国能源转型、推动经济社会绿色低碳发展、实现碳达峰碳中和目标提供智力支撑。

第一章 全球新能源领域的战略发展动向与竞争格局

世界各国正在积极推动可再生能源的发展,以减少对化石燃料的依赖,实现低碳经济和减缓气候变化等目标。本章选取在新能源领域发展具有比较优势的欧洲国家——丹麦、德国、法国,北美国家——美国、加拿大,东亚国家——日本、韩国,以及澳大利亚,对各国的新能源战略发展动向和竞争格局进行了研判,并对上述国家在新能源领域的技术创新等方面进行了分析。

一、欧洲

(一)丹麦新能源领域的战略发展动向

丹麦政府一直在推动可持续发展,推动能源绿色转型,不断优化其能源系统,通过发展可再生能源,提高节能技术,加强公众节能意识,改变消费者行为,同时出台相关标准、协议、计划等措施提高能源效率,减少能源消耗。经过几十年的努力,丹麦将绿色增长、绿色转型应用到能源系统中。丹麦的风电、生物能源、太阳能等可再生能源产业已经走在世界前列。

1. 丹麦能源战略发展历程

丹麦曾经是一个几乎所有能源都需要进口的国家。丹麦能源系统转型始于 1970 年,随后又经历了两次重要的战略转型。20 世纪 70 年代,全球石油危机爆发,丹麦能源系统受到冲击,为了保障能源安全和稳定,丹麦能源战略开始转型。1976 年,丹麦推出了首个国家能源计划。丹麦在增加能源相关税的比例和范围、推广多元化的能源供应、增加煤炭减少石油进口等方面有所行动。丹麦北海油气资源开采有效缓解了能源几乎全部需要进口的局面。但是,在此时以及随后的20年间,丹麦的能源供应体系依旧属于高碳化结构。1985年,丹麦议会否定发展核能提议,建议大力发展风电。1991年,丹麦建成全球首个海上风电场,一举成为世界风电行业的佼佼者。2000年后,北海油气田减产、气候变化、温室气体排放等问题,促使丹麦再次进行能源战略转变。风电、生物质等多元化能源的快速发展,新技术新手段的研发应用,为丹麦摆脱化石能源供应提供了足够资本。2011年,《能源战略2050》提出到2050年完全摆脱对化石能源的依赖。2019年丹麦出台《国家能源和气候计划》(NECP),涵盖可再生能源脱碳、能源效率、内部能源市场、研究创新和竞争力五个维度。

2. 丹麦新能源发展趋势

1)调整能源结构,推动绿色能源转型。丹麦正在逐步减少石油天然气的消耗,整体能源结构向绿色能源系统过渡。北海的开发让丹麦成为欧盟最大的产油国,为丹麦能源体系和收支平衡做出了积极贡献。2020年,丹麦议会决定终止北海进行新的油气勘探并在2050年前逐步淘汰石化燃料生产。在减少石化能源的同时,大力发展风力发电。作为世界风力发电的先驱者,丹麦在陆上和海上建立大量风电场。过去20年是丹麦生物能源发展最为迅速的时代,生物质和沼气使用明显增加。和太阳能、风能相比,生物能源在保障供应安全方面更具优势。

2)提高可再生能源份额,构建多元化能源结构。丹麦风能资源丰富,风力发电是其使用最为广泛的可再生能源之一。丹麦1/3以上的电力生产来自风力涡轮机。Kriegers Flak海上风电厂2020年建于波罗的海,能够满足60万户家庭的年能源消耗(相当于丹麦所有家庭的23%),成为无化石能源的里程碑。生物能源占丹麦可再生能源总消费量的2/3以上,在绿色能源转型道路上起了关键作用。生物质是丹麦最主要的可再生能源来源。沼气遍布丹麦全国,产量快速增长,从2012—2020年总产量增长大约2倍以上。太阳能是帮助丹麦达成2050年摆脱化石能源依赖目标的重要可再生能源。丹麦计划,2030年可再生能源消费占最终消费总量的55%。

3)提高能源效率,减少能源消耗。石油危机之后,提高能源效率成为丹麦重点考虑的问题。提高建筑物能源标准,加强公众节能意识,与企业签订节能协议等都成为提高能源效率减少能源消耗的重要措施。该国在能源效率方面的坚持和努力,使得其在能源消费总量稳定的前提下,经济出现显著增长。丹麦计划在 2021—2030 年将继续推出相关举措和措施。

4) 保证能源安全性,建立弹性能源系统。丹麦正在建立更具弹性的能源系统,提高能源系统的灵活性,进行系统化的监测。为保证能源安全性,丹麦增加了可再生能源的份额,减少对第三国进口的依赖。

5) 加强能源系统运作,积极开展能源联动。丹麦认为能源系统运作良好和跨国界能源市场的重要性日益增加。了解能源结构及政策,与邻国展开合作越来越重要。丹麦参加了波罗的海能源市场互联计划(Baltic Energy Market Interconnection Plan),与德国、波兰、芬兰、瑞典等国就基础设施、市场、天然气、电力等以及供应安全、可再生能源整合等相关事项进行合作。丹麦还与英国在"Viking Link project"项目中合作,利用丹麦和英国之间 760 公里长的电力互连线路,使可再生能源得到更有效地利用,改善电力供应安全性。

6) 增加绿色能源投资,开展新技术创新。丹麦希望成为绿色创业国家,在新技术的研发和应用上增加大笔投资。丹麦已经承诺投资 5.8 亿美元,用于能源和气候相关新技术的研究与创新。此外,丹麦政府希望加强能源部门的出口促进活动,2019—2024 年将达到 1.74 亿丹麦克朗。① 国家为确保在温室气体排放、进一步发展可再生能源、提高能源效率、确保能源安全等方面实现目标,积极推动新能源和气候技术及工具的研究、开发与示范,涉及清洁技术、低碳技术等领域。

3. 小结

丹麦能源系统将能源效率、可再生能源和系统集成开发有机结合,部门之间相互支持,在保持经济增长和提高人民生活水平的前提下,对能源系统进行了优化。丹麦以可持续发展为目标,以绿色能源转型为抓手,调整能源结构,构建多元化能源结构,减少能源消耗,提高能源效率,保障能源安全,建立弹性能源系统,在能源领域创新,发展核心竞争力,积极开展多国能源联动。丹麦为保证能源安全和稳定,加大国内能源供应,扩大可再生能源的使用,建立更

---

① 2019《国家能源和气候计划》(NECP)。

加节能的能源系统。目前,丹麦能源自给率达到100%,能源功能多元化,可再生能源领域已经形成了独特技术优势。

(二)德国新能源领域的战略发展动向

德国是重工业国家,其能源体系以石化燃料为主,石油、天然气、煤炭等传统能源占比较高是主要的支撑能源,生物能源、风能和太阳能等可再生能源也在快速崛起。德国的可再生能源在发电领域增长迅速,但是在运输、交通、建筑、工业等领域不尽如人意,一部分原因在于现有的燃料和电力税收制度,给部门耦合造成障碍。德国希望能源转型计划能够帮助其在21世纪中叶实现低碳、无核能的目标。

1. 德国能源战略发展历程

在过去的40多年里,德国的能源供应已经从煤炭和石油的明显主导转向了一个更加多样化的体系。20世纪70年代首次引入的核能,正被更多的可再生能源所取代,符合德国的能源转型目标。2000年,德国开始实施《可再生能源法》(EEG),成为全球能源转型的标杆。EEG明确能源转型对于德国能源安全、环保和经济成功至关重要,转型后的能源要安全、清洁、负担得起。德国老房子建筑能耗非常高,1977年德国颁布了第一部建筑节能法规。2015年,德国提出《建筑能效战略》,希望到2050年,建筑的能源消耗几乎不对气候产生影响。[①] 2020版《建筑能源法》规定的近零能耗建筑的能耗上限值较为宽松,并明确2023年将重新审核并确定严格的建筑能耗上限。2016年,德国政府发布《电力2030》展望未来,聚焦未来能源政策任务,目标是将温室气体排放减少80%~95%,并确保安全、有成本效益和对气候友好的电力供应。2019年,德国政府出台《2030年气候保护计划》,包括在交通和供热行业制定碳排放价格,期望达成2030年温室气体排放比1990年减少55%的目标。[②] 2018年,《第七能源研究计划——能源转型创新》是德国资助创新能源技术的原则,主要用于援助满足能源转型要求的技术,明确了能源效率和可再生能源主题为其优先事项。2019年,德国政府通过《2050能源效率战略》。德国首次设定到

---

① 联邦经济和气候保护部 https://www.bmwk.de/Redaktion/DE/Artikel/Energie/energieeffizienzstrategie-gebaeude.html.

② 联邦经济和气候保护部 https://www.bmwk.de/Redaktion/DE/Dossier/netze-und-netzausbau.html.

2030年减少一次能源消耗的目标,制定相关措施为进一步公布能源效率政策。德国希望其经济成为世界能源效率最高的经济体。[①] 2020年6月,德国通过国家氢能战略,建立国家氢能委员会,并制订一系列相关发展行动计划。

2. 德国新能源发展趋势

1) 能源转型的目标明确方向清晰。德国能源转型的目标是安全、清洁、负担得起。德国能源转型的四个方向:第一,优化能效,提高能效和可再生能源的扩张同样重要。第二,整合未来能源系统,能源供应正逐渐向可再生能源转变,协调多种能源供应,共同提供综合能源系统开发解决方案。第三,定位参与相关方,鼓励人人参与,为政治、商业、科学和社会参与者提供交流协调平台。第四,参与国际能源转型,在能源问题上,全球面临共同挑战,应通过项目和经验交流开展国际合作。[②]

2) 可再生能源在发电领域表现出色。2000年,可再生能源占电力消费的6%,2020年该比例上升至46%,明显超过2020年35%的目标。《可再生能源法》(EEG)中明确,到2025年德国电力消耗40%~45%来源于可再生能源。2020年6月,德国政府将2030年可再生电力占比目标从50%提高到65%。[③]

3) 可再生能源结构多元化。风能是非常重要的可再生能源,在可再生能源中发挥主导作用。2019年,德国风能占总发电量的16.1%。由于德国风能规模扩张,目前风能成本明显降低。海上风能是德国能源和气候政策的重要战略组成部分。海上风能具有更高的风力发电量。德国在公海建造海上风电场,离海岸远,也比其他欧洲各国建造的海上风电场面临更多的技术挑战,例如技术要求高、融资风险大、与德国电网连接、建设和维护等方面。

4) 太阳能光伏处于世界领先地位。截至2019年年底,超过160万个光伏系统发电量约为47.5吉瓦,仅次于陆上风能,占可再生能源发电系统的第二大份额,装机容量超过52吉瓦。德国提议将2030年光伏容量目标提高到100吉瓦。

5) 生物质是用途最为广泛的可再生能源。生物质占可再生能源发电量的23%。生物质能的使用将进一步扩大在热力、交通和电力领域,但是技术开发

---

① 联邦经济和气候保护部 https://www.bmwk.de/Redaktion/DE/Dossier/energieeffizienz.html.
② https://www.dena.de/startseite/.
③ 《德国2020能源政策评估报告》(IEA)。

成本非常高。德国最重要的生物能源是木材。在过去的 20 年中,德国木材原材料消费不断增加。

6) 氢能在能源转型中具有核心作用。国家氢能战略为氢的生产、运输和使用以及创新与投资创造了一个连续的行动框架,是氢技术市场增长的重要基石。在氢主题和国家氢能战略目标与措施之外,德国还在支持和推动氢技术在本国、欧洲和国际上的快速增长。目前,德国实际参与的氢主题项目涉及工业、运输、研发等方向,具体项目包括"BLUEPOWER"项目,开发能量供应通过燃料电池和电池作为动力缓冲器实现的,用于垃圾收集车和清扫车的电动传动系统;"Carbon2Chem"项目,将钢铁生产过程中产生的冶金气体通过跨部门合作转化为经济上可用的燃料、塑料或者化肥产品,预计可令德国钢铁工业年二氧化碳排放量减少 2000 万吨。2020 年,德国政府经济刺激计划和国家资金将提供数十亿欧元用于促进绿色氢的生产、氢基础设施以及氢在工业和交通领域的使用。2021 年 2 月,德国各地提交了大约 200 个关于氢技术和系统的项目大纲。[①]

7) 可再生能源技术领域蓬勃发展。德国科学家正在研究风能优化系统技术的项目,包括塔架、变速箱、发电机和电力电子设备的原件。随着现代风力涡轮机越来越大,更多组件正在达到弹性极限。因此,新材料的研发就显得尤为重要。海上的恶劣条件如盐水、阵风和强浪使海上风力涡轮机承重和腐蚀受到挑战。德国研发用于塔外部的涂层和填充材料技术,已实现其安全性。[②]集成光伏技术成为开辟新领域的重要一环,小型房屋屋顶系统和大型开放空间系统目前是应用较为普遍的,还可以考虑安装在建筑立面以及车辆上和农田周边。以晶体硅作为半导体的电池也处于技术前沿,当前标准是 PERC(Passivated Emitter and Rear Contact)技术。[③] 太阳能和风能是一种不稳定的能量来源,为了确保电力供应,需要临时使用传统风电厂,也需要灵活地应对天气波动,同时采取高效运行模式,使可再生能源和传统能源以最佳方式互连,改造能源系统。这就要求对可持续发电技术的研究成为电力系统发展的重要支撑。

---

① https://www.bmwk.de/Redaktion/DE/Dossier/wasserstoff.html.
② https://www.strom-forschung.de/projekte/windenergie/offshore-windenergieanlagen-neue-beschichtungen-schuetzen-vor-korrosion.
③ https://www.strom-forschung.de/themen/photovoltaik.

能源转型离不开资源效率的创新技术。随着社会的发展进步,世界对能源的需求越来越高,资源变得稀缺也昂贵。因此,如何使用更少的资源成为能源研究的核心任务。电力存储技术将发电供应和消耗的时间与地点分离。电力存储的大规模使用,要求其必须价格合理、高效且耐用。符合要求的电力存储技术包括电化学、电气和机械存储,以及用于电力存储的高温蓄热技术。①

3. 德国新能源发展机遇和挑战

1) 过度依靠传统能源致使新能源发展受到抑制。 德国能源供应在很大程度上依靠化石燃料,但是国内产能有限,大量依赖国外进口。不稳定因素导致化石燃料价格涨幅不可控,德国不得不采取措施缓解压力,例如暂时取消为扩大可再生能源而征收的税款,间接削弱可再生能源的快速发展。

2) 核电和煤电退市将带来挑战和机遇。 核能和化石能源是德国电力系统的能源供应大户。德国面临能源短缺和价格上涨的压力,意味着原计划实施的核电关闭和煤电退市时间节点将有可能无法按照进度实施。若按照原计划进行关闭,则意味着德国将付出更多努力,采取额外补救措施。另外,德国的一系列问题或许能够推动其能源转型进度。IEA 认为德国逐步淘汰煤炭是大幅减少温室气体排放的有效工具,但是考虑到 2022 年核能的完全淘汰以及对经济和社会的影响,煤炭作为最主要的发电来源有必要采取分阶段的方法。政府认为德国应该以不增加不同部门(电力、热力和运输)之间能源使用价格差异的方式分步骤逐步淘汰煤炭,以便不妨碍部门之间的耦合;重新利用即将废弃的煤电厂和煤矿,为系统服务提供能源过渡。②

3) 可再生能源发电输送给德国电网带来新挑战。 德国可再生能源在电力领域表现优秀,风力发电、太阳能发电、核能发电都能占据一席之地。但是,如果在其他领域没有一个明确的战略,即使可再生能源在电力领域表现再优秀,德国都很难在 2030 年实现提出的可再生能源占能源总量 30% 的目标。德国北部和东部以及海上离岸风电发达,而大型工业企业却集中在西部和南部。长距离输电线的搭建成为急需解决的问题。为了保证电源的顺利送达,电网成为能源转型的支柱。德国架设高压直流电线路(HVDC 线路)即电力高速公路,加强与欧洲邻国的联系。目前,三条长距离高压输电线路 A-Nord,

---

① https://www.energiesystem-forschung.de/forschen/stromspeicher.
② 来源:《德国 2020 能源政策评估报告》。

SuedLink 和 SuedOstLink 已经计划或正在建设中,将风能从德国北部输送到该国南部和西部的工业中心地带。

4)提高能源效率使德国更具竞争力也提出更高要求。德国希望提高能源效率使电力和热能的使用更加有效,减少资源使用和排放,创造成本优势。但是提高能源效率意味着使用更少的能源实现相同或者更高层级的目标。这不仅仅是行业的行为,也需要每个家庭、每个人遵从指导,共同努力提高能源效率,从而降低能源消耗,助力能源转型。德国制定了 2050 能源效率战略,提出国家能效目标,实施相关策略和行动计划,清晰描绘出能源效率路线图。

5)节能减排计划的实施困难重重。德国虽然表示了积极应对气候变化的雄心壮志,但没有按计划实现其近期的减排目标。可再生能源发电的增长降低了排放,但逐步淘汰核电以及电力出口的增加抵消了一些排放带来的利好。政府计划逐步淘汰煤炭,希望帮助德国重新走上实现电力行业长期排放目标的道路。尽管如此,到目前为止,电力行业在能源转型计划的成本和进展中承担了相当大的份额。现在,政府需要重新调整工作重点,在其他行业实现更大幅度的减排,尤其是交通和供热行业。

4. 小结

德国能源转型步伐快,投资大,但却局限在电力领域,冷、热及交通等领域有待发展。可再生能源和提高能源利用率是德国新能源系统的两大支柱。德国是严重依赖石油进口的传统能源使用大户,但却是目前世界能源利用效率最高的国家之一。德国能源转型的目标是环保、可靠、负担得起。可再生能源在电力领域所占份额较大,近些年涨幅明显。德国是重要的工业基地,能源转型不能以牺牲工业竞争力为代价。德国能源应该从核能和化石能源向可再生能源以及提高能源效率转变。德国工业基础雄厚,产能大,对能源的消耗更大,对核能和化石能源的需求不能强行阻断,需要在安全、环保和经济性上找到平衡点,应有计划分步实施。

(三)法国新能源领域的战略发展动向

为了应对当前和未来全球变暖的情况,法国一直在进行能源转型,积极研究结合核能和可再生能源的低碳能源系统。能源系统的控制和管理以及循环经济,也是其重点研究的方向。原油、天然气、石油是法国重要的能源进口产品,核能在发电领域占比非常高,使其能源依赖进口的程度大幅下降。近些年,为了优化能源结构,应对全球气候变化,法国开始发展可再生能源,减少对核能发电的重度依赖。

1. 法国能源战略发展历程

1945 年,法国启动核能发展计划,希望以低成本满足日益增长的电力需求。19 世纪 70 年代全球石油危机后,法国石油政策从多重管制到基本开发,并开始进一步发展核能。1971—2016 年,法国能源消费与能源供给的比例从 79.2% 下降到 62.3%。[①] 2005 年,法国议会批准《法国能源发展指导法案》。2014—2017 年,德国发布了《国家能效行动计划》和《2050 年气候行动计划》,通过了《电力市场进一步开发法案》和《能源转型数字化法案》,并两次修订了《可再生能源法案》。2015 年 8 月,法国通过《能源转型绿色发展法案》(*Energy Transition for Green Growth Act*,ETGGA),该法案拟定了法国能源转型的路线图。2020 年,法国生态部和经济部联合发布《法国国家无碳氢能发展战略(国家氢能战略)》,计划未来将大规模投入资金支持无碳氢能发展。法国向欧盟委员会提交了其最终版本《2030 年国家能源计划》(NECP)。法国的目标是到 2030 年在其能源结构中使用 33% 的可再生能源。2022 年 2 月,法国总统马克龙宣布了核能重启计划,将继续建造第二代 EPR(欧洲先进水压堆),并延长核电站的使用期限 50 年,明确不再有"关闭目标"。

2. 法国新能源发展趋势

1) 核能大国重启核能计划。法国是全球核电大国,法国国内超过 7 成的电力来源于核能发电。核能从极大程度上提高了法国能源的自给率。法国核能产业的发展始于全球石油危机时期。石油价格的上涨令缺乏石油资源的法国感受到能源危机,法国希望核能的快速发展能够成为回归强国行业的推手。法国核电站的设计运行年限为 40 年,目前的反应堆大多于 1977—1999 年投入使用。2022 年的核能重启计划,将符合条件的核电厂使用期限延长至 50 年。目前,法国正在运行的核电生产反应堆包括 56 座 PWR 反应堆,1 座 EPR 反应堆。56 个 PWR 反应堆包括 32 座 900 MWe 反应堆、20 座 1300 MWe 反应

---

① 环球印象投资分析法国事业部 http://www.zcqtz.com/news/262678.html.

堆、4座1450 MWe反应堆。核能是一种低碳能源,不会排放温室气体,非常符合法国发展低碳能源的导向。法国也正在研制新型反应堆,优化核能效率,促使能源脱碳进程,确保法国能源独立性。

2)将风能作为可再生能源的重要组成部分。法国可再生能源的未来发展潜力巨大。2005年,法国为明确风能发电的地位实施了多种扶持措施,并批准成立风能开发区(ZDE)。随后几年,法国风能发电量持续增长,装机量也跃居世界前列。全球风能协会测算,法国可保持每年100万~200万千瓦的新增风电装机。法国《2030国家能源计划》特别提到实施的关键是要充分挖掘法国风能的潜力,意味着电力发电组成中将有40%的可再生能源比例,且其中风能承担一半的份额。法国在《多年度能源计划》中也上调了未来8年内海上风电的装机目标。马克龙在2022年2月表示,可再生能源扩张计划包括到2050年拥有40吉瓦海上风电目标。

3)将氢能作为复苏计划的重要举措。2020年,法国出台《国家氢能战略》,计划在2030年前投入70亿欧元发展无碳氢能。氢作为一种存储介质和能源载体,可以实现电力、热力和运输领域的有效部门耦合。法国将氢能战略作为其复苏计划的重要举措,鼓励多部门研发绿氢技术,培养一系列氢能项目,为低碳经济奠定基础,成为全球氢能经济的重要参与者。根据最新的"法国未来能源"规划,到2030年,法国通过可再生能源与核能制得"清洁氢气"的产能要达到60万吨。法国和德国都是主张发展氢能源的欧洲大国,在氢能源的道路上不谋而合,因此在发展氢能源方面进行了大量合作。目前已经启动的工作包括联合开展制氢工业合作,共同投资建设欧洲电动汽车电池制造联合企业等。

4)太阳能发展再入快车道。2021年以来,法国太阳能装机容量保持在100万千瓦/年。截至2020年年底,法国太阳能累计装机容量达到1173万千瓦,位列欧洲第五。根据2019年法国环境与能源管理局(The French Environment and Energy Management Agency)发布的一份报告,法国大陆和科西嘉岛被忽视的地面和停车场的太阳能潜力巨大,其中17764个相关地点可以建设光伏电站。[①] 法国总统马克龙在2022年2月宣布,该国的目标是太阳能发电装机容量增加10倍,在2050年拥有超100吉瓦光伏装机容量。

---

① http://china-nea.cn/site/content/40539.html.法国:核能大国再出发,能源评论,成功李小平,202204.

3. 法国新能源发展机遇和挑战

1) 新能源发展急需加快步伐核能退市延期。法国是核能大国,高度依赖核能导致其他新能源起步发展都很缓慢。相比欧盟其他国家,法国是唯一没有达到 2020 年欧盟可再生能源占能源消耗总量的国家。以风能为例,法国虽然拥有发展风能的自然条件,但是要加速发展困难不少。法国陆上风能的授权非常严格,其他限制也较多,不同程度地影响了风电项目的审批。新能源发展滞后为法国核电退市形成威胁。2022 年,马克龙宣布重启核能计划,并将延长核电站使用年限,且不再有关闭目标。

2) 核能占比高废料处理和安全都存在隐患。核能是清洁能源,低碳且成本低廉。法国一直以来都在坚定不移地走"核能路线",切尔诺贝利核灾难、日本福岛核泄漏等核能安全事故都未能让其动摇。法国核能占比高,用量大,核废料相对多,安全隐患都是不可绕过的问题。法国宣称其核电技术已经经历了三代演进,无论安全性还是技术都得到大幅提高。但是,核废料的处理始终是一个技术难题,目前的技术是将有用的物质提取出来循环利用,使其使用效率得到提升。这些做法都只能减少放射性废物的体积,无法彻底解决。

3) 能源需求的变化与技术难题。法国的能源需求特别是电力需求,在一年当中和一天当中都是在短变化的。目前,法国电力高消耗时段是通过启动火力发电站和使用液压存储系统等手段补充完成的。法国存储技术发展旨在解决减少火力发电站产生的二氧化碳,限制电力和化石能源的进口使贸易平衡。而储能技术对于太阳能和风能等间歇性可再生能源的存储同样重要,可以限制可再生能源生产间歇性造成的波动。法国目前的储能技术理论上可以满足可再生能源的大部分需求,但是可再生能源的整合、新材料新设备的研发等问题都成为阻碍新能源发展的绊脚石。

4) 民间阻力大以及投资需求难以满足。法国部分民众认为安装涡轮机对法国的人文和环境造成不良影响,在农田安装光伏等设施影响居民劳作和生活,并给当地生态环境造成破坏。不少环保主义者和团队反对在陆地和海上新建相关设施。此外,法国能源转型所需投资巨大,法国政府财政状况不佳,民众担忧政府缺乏足够资金支持。法国电力联合发布报告指出,到 2030 年法国"能源过渡"大约需要 5900 亿欧元投资。① 新能源发展不是单纯的替换能

---

① http://www.zcqtz.com/news/262677.html. 来源:环球印象投资分析法国事业部,转载。

源,更是一个经济问题。法国需要从有效使用资金,设法降低成本,避免额外公共财政支出,给国家和人民造成经济负担。制定发展新能源发展战略,走出困境,平稳实现"能源过渡",走出适合法国新能源发展的特色道路。

4. 小结

法国高度依赖核能导致其他新能源发展成为法国的一道难题。法国对核能的依赖、政府赤字以及部分民众的阻碍等导致其他新能源起步晚发展慢,落后于其他欧盟国家的进度。另外,大量使用核能产生的核废料处理问题也是法国面临的重要问题。坚持发展可再生能源和核能共同发展是关键。为了应对能源转型的挑战以及实现2050年碳中和的目标,法国应将可再生能源有效融入法国能源结构中并开发新用途,从构架到管理重新构建能源网络,设计出更智能、更有弹性、更高效、更技能的能源网络。

(四) 欧洲新能源领域的竞争格局

欧盟格外重视环境保护,2000年以来相继出台多个新能源发展战略,促使其新能源产业迅速发展。

1. 欧洲新能源发展现状

2000年,欧盟出台《欧洲能源供应安全战略》绿皮书;2001年,通过《欧盟可持续发展战略》;2006年,出台《欧盟能源绿皮书》;2007年,通过《欧洲能源政策》;2008年,欧盟提出节能减排新立法和"一揽子"协议,公布《确保欧洲未来能源供应安全》的第二份能源战略评估报告;2010年,公布《欧洲2020战略》。

2019年,欧盟公布"欧洲绿色协议",旨在将欧盟转变为一个公平、繁荣的社会,成为富有竞争力的资源节约型现代经济体,到2050年温室气体做到净零排放,并且实现经济增长与资源消耗脱钩。欧盟希望到2050年欧洲成为"碳中和"地区,并为此制定了详细的路线图和政策框架。欧盟委员会通过了包括气候、能源、运输和税收政策在内的一系列提案,确保到2030年温室气体净排放量比1990年的水平至少减少55%。

《国家能源和气候计划》是2019年欧洲清洁能源一揽子计划的一部分,明确欧盟各国2021—2030年间国家能源和气候计划,包括解决能源效率、可再生资源、温室气体排放、互联合作和研究创新的方法。欧盟委员会对每个国家计划进行单独评估和指导,每个国家必须每两年提交一份进度报告,委员会将监测欧盟及各国在实现这些目标方面的整体进度。

2. 欧洲新能源发展趋势

欧洲新能源发展趋势在推动可再生能源发展、减少对化石燃料的依赖、实现低碳经济和减缓气候变化等方面取得了显著进展,具有以下特点:

1) 可再生能源发电量持续增加。欧洲国家一直在大力推广可再生能源,尤其是风能和太阳能。根据欧盟统计局的数据,在欧盟成员国中,可再生能源占总发电量的比例已经超过了30%。

2) 增加可再生能源的投资。欧洲国家不断增加可再生能源的投资,鼓励新技术的发展和商业化应用。政府和私营部门都在积极投资,推动可再生能源发展。

3) 电动汽车市场逐渐崛起。欧洲是电动汽车市场的重要地区。越来越多的欧洲国家政府正在推动电动汽车的发展,通过减免税收等措施来鼓励消费者购买电动汽车。

4) 能源储存技术得到发展。能源储存技术可以解决可再生能源的不稳定性问题。欧洲国家正在大力投资电池储能、水力储能等技术,以便更好地利用可再生能源。

5) 碳排放市场的逐步扩大。欧洲碳排放交易市场(EU ETS)是全球最大的碳交易市场。欧洲国家正在逐步扩大该市场的规模,以促进碳减排。

二、北美

(一) 美国新能源领域的战略发展动向

1. 美国能源资源现状及未来发展趋势

作为全球能源生产大国和消费大国,美国能源的发展模式属于高消费-高产量能源自给型模式。根据美国能源信息署(EIA)发布的美国能源消耗量显示,2021年,美国一次能源消费总量为97.3千万亿英热单位(Quadrillion Btu)。从能源来源组成来看,主要由石油和其他液体燃料、天然气、煤炭、可再生能源、核能、电力和液体生物燃料等部分构成。其中,石油为第一位,占比36%,其次是天然气占32%,煤炭占11%,由风能、太阳能、水力、地热、木材和其他生物质能等组成的可再生能源占12%,最后是核能占8%(详见图1)。

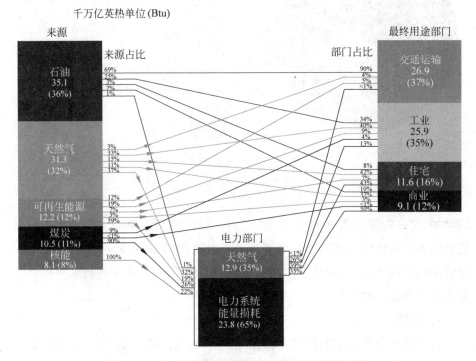

图1 2021年美国能源消费情况(按来源和部分划分)
资料来源:美国能源信息署

美国可再生能源占比逐渐提升。2021年,美国可再生能源的生产和消费量创下历史新高,可再生能源(即风能、太阳能、生物质与生物燃料、地热能、水电)总消费量为12.16千万亿英热单位,约为美国一次能源生产总量的12%(详见图2)。

过去10年,美国发电结构最显著的变化之一是可再生能源资源的快速扩张,尤其是太阳能和风能,美国可再生能源发展未来一片光明。2020年和2021年,美国水电、风能和太阳能等可再生能源发电量占全美国总发电量的20%。2021年可再生能源发电份额最大的两个地区是西北地区(可再生能源占该地区发电量的约50%)和加利福尼亚州(可再生能源占该地区发电量的44%)。美国能源信息署(EIA)的最新预计数据显示,随着可再生能源发电量

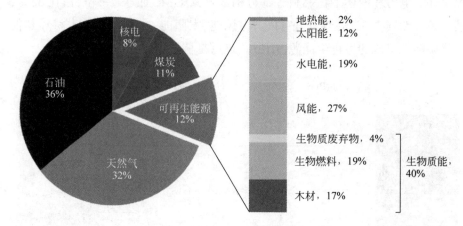

图 2　2021 年美国可再生能源消费情况
资料来源:美国能源信息署

的增加,这一份额将在 2022 年增加到 22%。到 2023 年,随着更多风能和太阳能新增发电装机以及煤炭和核能等其他发电资源的退役,可再生能源发电占比将继续增加到 24%,风能和太阳能发电能力逐渐上升,煤炭和核能等其他发电资源逐渐退出舞台①。

1) 风能

在美国所有可再生能源中,风能占据重要地位。从 2021 年美国可再生能源消费情况可以看出,风能成为最大的单一可再生能源,占美国可再生能源总产量的 27%。风力发电量最高的 15 个州位于美国中部:蒙大拿州、怀俄明州、科罗拉多州、新墨西哥州、北达科他州、南达科他州、内布拉斯加州、堪萨斯州、俄克拉荷马州、得克萨斯州、明尼苏达州、爱荷华州、密苏里州、阿肯色州和路易斯安那州。

另据美国能源信息署(EIA)发电装机库存数据库,2022 年上半年美国新增的公用事业规模发电装机容量为 15GW,其中风力发电所占份额最大,超过 34%;其次是天然气、太阳能和电池储能。截至目前,超过 40% 的新增风电装机位于得克萨斯州,占 5.2GW 新增风电装机总量中的 2.2GW(超过 1/3)。2022 年上半年上线的最大可再生能源项目包括俄克拉荷马州的 999MW

---

① https://www.eia.gov/todayinenergy/detail.php?id=53459.

Traverse Wind 项目、得克萨斯州的 492MW Maverick Creek Wind 项目以及加利福尼亚州的 Slate Hybrid 440MW 太阳能和电池储能项目①。

2) 太阳能

太阳能是美国可再生能源领域中重要的组成部分。在过去 10 年中,随着太阳能发电厂的平均建设成本下降,美国公用事业规模的太阳能发电量大幅增加。美国在 2021 年增加了 13.2 吉瓦(GW)的公用事业规模太阳能容量,创下年度记录,比 2020 年增加的 10.6 吉瓦高出 25%②,2021 年年底美国电力部门运营的太阳能发电量是 2011 年年底的 20 倍,随着对太阳能的需求,这一趋势在未来几年内将持续增长。据美国能源信息署(EIA)预测:到 2022 年,美国电网将新增 46.1 吉瓦(GW)的公用事业规模发电容量。2022 年计划增加的产能中几乎有一半是太阳能,其次是天然气,占 21.5%,风能占 17%(详见图 3)。太阳能发电(包括光伏和热能技术以及小型和公用事业规模的装置)逐渐成为美国最大的可再生能源发电来源。未来两年内计划增加的太阳能光伏和电池存储容量中,一半以上将位于得克萨斯州、加利福尼亚州与纽约三个地区③。

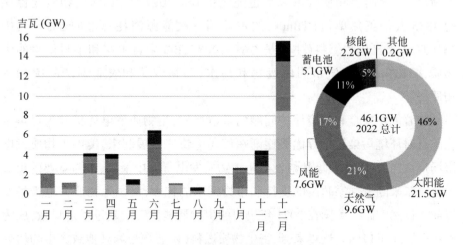

图 3 2022 年美国可再生能源发电构成预测

资料来源:美国能源信息署

---

① U.S. Energy Information Administration, Preliminary Monthly Electric Generator Inventory, June 2022.
② https://www.eia.gov/todayinenergy/detail.php?id=53679.
③ https://www.eia.gov/todayinenergy/detail.php?id=51518.

加利福尼亚州莫哈韦沙漠的太阳能发电系统(SEGS)设施于1984年开始运营,由九个太阳能热电厂组成,是世界上运营时间最长的太阳能热发电设施。但随着太阳能光伏(PV)的广泛使用,太阳能热电厂在美国公用事业规模的太阳能发电量中所占份额相对较小。截至2021年6月,美国拥有约52600兆瓦的公用事业规模太阳能容量。其中,3.3%是太阳热能;剩下的96.7%是公用事业规模的太阳能光伏①。另外,美国将可再生能源发电的投资税收抵免(ITC)和生产税收抵免(PTC)延长至2050年,可使美国每年的太阳能发电量增加10%。联邦税收抵免的长期可用性为家庭和商业建筑中更小规模的分布式发电以及可再生能源特别是太阳能光伏(PV)的公用事业规模发电提供了动力。

3)生物质能

美国在开发利用生物质能方面处于世界领先水平。美国政府早在20世纪90年代就已注重热电联产,同时改进了温室气体排放计算标准,为生物质热电企业在竞争中创造了有利条件。生物质发电已成为美国发电市场的重要组成部分,其发电原材料主要来源为各大农场的农业废弃物、木材厂的森林废弃物等②。目前,目前美国已经建立了接近500座的生物质发电站,且仍在不断增长,国内生物质发电总量也随之提升。2021年,美国生物质能提供约4835万亿英热单位(TBtu),约占美国一次能源消耗总量的5%。其中2316TBtu来自生物燃料(主要是乙醇),2087TBtu来自木材和木材衍生的生物质,431TBtu来自城市固体废物和污水、动物粪便和农业副产品中的生物质。③

随着能源安全和环境保护问题的日益严峻,生物质发电凭借其为可再生能源且对环境污染较小等优势逐渐在市场上快速发展起来,美国生物质发电市场持续向好,其中垃圾焚烧发电是生物质发电行业中最大、最为重要的组成部分。未来随着国家政策的支持和市场需求的扩大,美国生物质发电市场发展前景依然广阔。美国在2021年出口的生物质能源总量超过了进口量,成为生物燃料净出口国。近年来,致密生物质燃料(木屑颗粒和其他致密生物质燃料)已成为美国的出口商品。2021年,美国出口了约800万吨木质燃料颗粒。

---

① https://www.eia.gov/todayinenergy/detail.php?id=49616.
② 童家麟,孙洁,韩平.美国和中国典型生物质能利用现状[J].精细与专用化学品,2020,28(5):1-5. DOI:10.19482/j.cn11-3237.2020-05-01.
③ https://www.eia.gov/energyexplained/biomass/.

4）地热能

美国是地热能发电的全球领导者。美国能源部认为，地热能有潜力为全国数以千万计的家庭提供电力以及直接供暖和制冷。由美国能源部（DOE）和国家可再生能源实验室（NREL）联合编制的《2021年美国地热发电和区域供暖市场报告》中指出：目前美国共有93个地热发电站，总装机容量为3673MW。近年来，美国地热发电装机量增长缓慢，根据统计，2015—2019年，美国新增了7个地热发电站，总装机容量186MW，但同期11个地热电站退役，总装机容量103MW。在地域分布上，加州和内华达州拥有美国温度最高的地热资源，因此这两个州的地热发电量占美国地热发电量的90%以上，其余主要分布在阿拉斯加、夏威夷、爱达荷、新墨西哥州、俄勒冈和犹他州，加州共计有51座地热电站，总装机容量2627MW，内华达州共计有28座地热电站，总装机容量797MW。

作为地热发电最多的国家，美国于2022年8月计划投资1.65亿美元推动地热能发电项目，美国能源部将首先提供1000万美元组建一个研究地热部门问题的专家联盟，在未来四年提供1.55亿美元用于该项目的研究，该项目被称为"石油和天然气示范工程下的地热能源"倡议。

2. 美国新能源发展战略及重要举措

大力推行新能源的发展成为趋势。美国近年来根据本土能源资源的特点，多次调整能源政策以及能源战略，不断推动本国的能源转型，提高能源效率。从美国的能源转型进程上来看，美国的原油、天然气、煤炭等传统化石能源资源丰富，决定了美国的能源转型路径由最初的致力于开发利用其丰富的化石能源为基础，向提高传统能源能效、鼓励清洁能源和非传统化石能源发展，再向推动核电、风能及太阳能等可再生和清洁能源，实现能源的清洁高效利用转变。美国政府认为，长期投资可再生能源领域，将催生新兴产业，提供广泛的就业机会，从而恢复经济活力。

为促进清洁能源的发展、保障美国能源独立与气候安全，美国政府从政治、法规、经济、科技等多个方面都提出了具体的实施路径。

1）政治：美国计划于2035年使电力部门实现碳中和，将美国电力生产对化石能源的依赖降低到63%，并于2050年实现净零排放。2021年11月，美国公布《美国长期战略：2050年实现净零温室气体排放的路径》，提出"2050净零排放计划"。该计划把气候变化完全纳入了美国的外交政策和国家安全战略，广泛开展气候和能源外交，提升发展清洁能源的全球领导力，加强国际合作促进各地多国快速向清洁能源过渡。表 1 中列出了美国政府关于能源和气候问题的主要政策主张。

表 1 美国政府关于能源和气候问题的主要政策主张

领域	主要内容
气候政策	• 投资 2 万亿美元 • 2035 年实现 100% 清洁电力 • 2050 年实现净零排放
化石燃料	• 取消化石燃料补贴 • 禁止在公共土地和水域获得油气开采许可 • 提高现有油气作业项目的甲烷污染排放限值
清洁能源	• 支持清洁能源技术创新 • 利用可再生能源市场创造就业机会 • 开发可再生氢气 • 发展核能技术与碳捕捉技术 • 延长投资税收抵扣和发电税收抵扣
基础设施建设	• 全面升级电网、网络宽带、汽车基础设施建设 • 建设 50 万个电动汽车充电站 • 制定严格排放标准，实现轿车和轻型卡车电气化 • 对 400 万栋建筑实现节能升级

注：ICEE 课题组整理汇总。

2) 政策法规：美国出台《2020 年美国核基础设施法案》，制订清洁氢计划，有助于加快进展，降低技术成本，并增加氢作为清洁能源载体的使用；美国主张多边自由贸易政策，通过降低关税，促进国际多边贸易，这将使其他国家电动汽车电池制造商以及绿色能源企业也能从中受益，通过不断开发尖端技术推进清洁能源产业发展；实施《清洁空气法案》进行减排，制定严格的新燃油经济性标准以确保新销售的轻型和中型车辆达到 100% 零排放，以减少运输中的温室气体排放，并将促进重型车辆的电气化和年度改进。

3) 经济：2021 年，美国总统拜登签署行政命令，要求通过实施《联邦可持续发展计划》，推动美国清洁能源经济发展。美国政府计划在未来 4 年内投资 2 万亿美元，用来推广交通、电力和建筑行业内清洁能源的利用。在出台的《基础设施计划》中，对新能源发电、储能、新能源汽车、电网等进行重点支持。

计划投资 730 亿美元,升级改造电力基础设施,扩大可再生能源的利用,推动从化石燃料向清洁能源转变;对清洁能源企业开始税收抵免,以加快可再生能源和电动汽车的普及,强调清洁经济和就业机会并存,创造新能源领域数以百万计的工作岗位。

4) **技术与创新**:研究、开发和部署潜在的突破性技术,以加速清洁能源创新。具体包括:①限制航空业碳排放,为飞机研制新的可持续燃料,以及对飞机技术和空中交通管制进行优化创新;②加快碳捕集、利用和封存(CCUS)技术的开发和部署,提高对 CCUS 项目的税收优惠;③研究核能应用中安全性、废料处理及环境影响等问题;④加大对"前沿"零碳技术的投资,如小型模块化反应堆、核聚变和绿氢等;⑤通过发展电池储能、下一代建筑材料、可再生能源、氢能和先进核能,并确保这些新技术产品在美国制造,大幅降低关键清洁能源技术成本,迅速对其进行商业化应用,实现美国清洁能源技术在全球领导地位。

5) **新能源领域人才培养**:2021 年 10 月,美国宣布在东西海岸和墨西哥湾的七个地区大规模扩建美国海岸风力发电厂,加速推进清洁能源革命,美国内政部、能源部和商务部表示,将以 2030 年使美国产生 30 吉瓦的海上风电作为目标,实现该目标将创造近 8 万个工作岗位。未来几年,美国纽约、新泽西州、马萨诸塞州和马里兰州沿海的海上风能设施建设也将取得突破进展,美国更多的风力涡轮机和公用事业规模的太阳能发电厂即将上线,风力涡轮机装机容量的持续增长导致更多的风力发电[1]。风力涡轮机目前是美国第三大发电量来源,仅次于天然气发电机和燃煤发电机。根据美国风能协会的统计数据,风电已经为 11.4 万美国人创造了高薪工作,风力涡轮机技术人员是增长第二快的职位,在未来 10 年内将增长 96%。

3. 美国新能源发展面临的机遇和挑战

作为全球最大的经济体和历史上二氧化碳排放最多的国家,美国政府一直以来都在大力推动美国清洁能源的发展。美国电力市场的能源转型继续加速,可再生能源的市场份额也将不断增加。随着煤炭和天然气发电成本因当前化石燃料价格飙升而上涨,美国可再生能源的经济优势将日益凸显。自 20 世纪起,美国政府就不遗余力地致力于可再生能源发展,不仅从法律政策层面

---

① 许弢. 美国宣布大规模扩建美国海岸风力发电场[J]. 新能源科技,2021(11):40.

给予支持,还在财政支持措施、人才培养方面屡有创新①,可再生能源发电的投资税收抵免(ITC)和生产税收抵免(PTC)政策对于可再生能源发展的作用更加直接。

美国现阶段的能源转型主要方向是向清洁能源领域转型。美国丰富的能源资源,尤其是太阳能、风能、水能、地热能、生物能源和核能等,将有助于确保美国在清洁能源领域继续保持领先地位。美国能源部表示将继续推动战略投资,向更清洁、更安全、更可靠的国内能源未来过渡。美国环境研究与政策中心和前沿组织发布的《我们有力量:认识美国清洁、可再生能源的潜力》报告中指出:美国拥有足够的风电和光伏资源,足以为美国提供数十倍的电力需求,从而尽快摆脱对化石燃料的依赖。美国采取诸多途径来利用其丰富的清洁能源潜力,帮助美国迅速实现一个可再生能源电力系统。2021年,特拉华州、俄勒冈州、北卡罗来纳州和伊利诺伊州四个州更新了其RPS或CES政策。此外,内布拉斯加州于2021年12月批准了其第一个清洁能源目标,成为美国第20个承诺到2050年实现100%清洁电力的州。截至2021年年底,美国共有31个州和哥伦比亚特区制定了可再生能源组合标准(RPS)或清洁能源标准(CES)②。

随着美国对可再生电力的依赖增加,石油和天然气的作用减弱,能源安全的焦点将发生转变。电力的重要性在不断提升,供给不断变化和网络安全风险等潜在的脆弱点将随之而来。政府需要为电池、数字解决方案和电网的投资创造市场,奖励灵活性,实现充足可靠的电力供应。由于对关键清洁能源技术所需的关键矿物的依赖度不断增加,所以需要建立新的国际机制,以确保供应的及时性和生产的可持续性。此外,美国传统的能源安全问题仍将继续存在。

(二) 加拿大新能源领域的战略发展动向

国际能源署(IEA)2021年10月13日发布的《世界能源展望》显示,加拿大2020年人均能源消费量超过300吉焦,是世界平均水平的3倍,为世界能源消费最高水平之一③。2020年加拿大能源产量达515百万吨油当量(Mtoe),

---

① 陈明灼,张春宇. 美国可再生能源政策创新与市场发展[C]//国际清洁能源产业发展报告.(2018),2018:375-391+521. DOI:10.26914/c.cnkihy.2018.016094.
② https://www.eia.gov/todayinenergy/detail.php?id=51118.
③ 尽管世界转向净零排放,加拿大仍是最大能源消费国之一[J]. 中外能源,2022,27(1):99.

与2010年相比增长了29%。国内能源产量的增长主要来自石油,石油产量增长了55%,从2010年的167Mtoe增长到2020年的260Mtoe,石油在能源总产量中的占比超过了半壁江山(51%)。能源产量的第二个来源是天然气,2020年占能源总产量的30%,其次是水电(6.4%)、煤炭(4.8%)、核能(5.0%)及生物燃料和废弃物(2.6%)。核电是加拿大仅次于水电的第二大电力来源,2020年,加拿大核电占全国总发电量的15%(详见图4)。据加拿大能源监管机构(CER)表示,未来30年,加拿大自身的能耗将呈下降趋势,逐步向清洁能源发展。到2050年,预计一次能源的使用总量将下降21%。

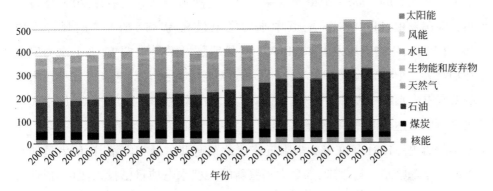

图4　2000—2020年加拿大按来源划分的能源产量

注:Mtoe=百万吨油当量。2020年数据为暂定数据。

来源:国际能源署(2021年),《国际能源署世界能源统计和平衡》(数据库),www.iea.org/statistics

1. 加拿大新能源发展现状与发展趋势

加拿大可再生能源对加拿大经济发展至关重要。加拿大能源监管机构(CER)预测加拿大的能源结构将会继续改变。2019—2050年,来自可再生能源与核能的能源需求量将增长32%,在能源结构中的占比会更大。技术推动加拿大向低碳经济转型,并且将继续进军能源系统,特别是发电领域。根据加拿大能源监管机构(CER)的模型,电力在最终能源消费需求中的占比将从目前的16%左右增加到2050年的27%左右,预计届时所有乘用车销量中的一半都将是电动汽车。另外,可再生能源的发电占比也会更大。到2050年,90%以上的发电量将来自可再生能源与核能发电。

1) 水电

加拿大的可再生能源以水电为主。加拿大在水电方面拥有得天独厚的自然资源优势,使其成为世界第四大水电生产国。加拿大河流众多,加国各省都有一定的水电装机容量,其中名列榜首的为魁北克省、不列颠哥伦比亚省、纽芬兰省和拉布拉多半岛、马尼托巴省和安大略省。魁北克省和不列颠哥伦比亚省,分别拥有可开发水能资源各占全国的 41.7% 和 16.8%,分别已建水电 3258 万 kW 和 1157 万 kW,水电比重分别达 93% 和 86%,比全国水电比重还要高。

加拿大已经拥有世界上最清洁的电力系统之一,这主要是归因于其水力发电。从图 5 的 2000—2020 年加拿大可再生能源发电情况来看,2020 年度可再生能源发电 435.1TW·h,其中水力发电最高为 384.6TW·h,风能发电 36.1TW·h,生物能源发电 10.1TW·h,最后是太阳能 4.3TW·h。水力发电在加拿大几个省份发挥了主导作用,加拿大庞大的水力发电能力也将在未来的低碳电力系统中发挥重要作用。除了天然的资源和政府的扶持,加拿大水电之所以发达,和历史积淀有着很大的关系。加拿大开发利用水电已有 120 多年的历史。1881 年在渥太华附近修建的绍迪耶尔瀑布电站,被认为是加拿大的首座水电站。近年来,加拿大一些新的大型水电项目已投入使用,预计将于 2024 年投入使用:不列颠哥伦比亚省的 Site C 清洁能源项目(1100 兆瓦)、拉布拉多的麝鼠瀑布项目(824 兆瓦)、曼尼托巴省的克亚斯克(Keeyask)项目(695 兆瓦)和魁北克的罗曼(Romaine)项目(245 兆瓦)。

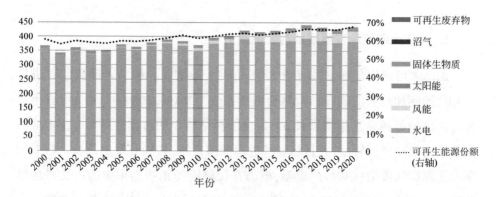

图 5　2000—2020 年加拿大可再生能源发电情况

注:TWh=亿千瓦时。

来源:国际能源署(2021 年),《国际能源署世界能源统计和平衡》(数据库),www.iea.org/statistics

2) 生物燃料

近年来,加拿大生物燃料的使用显著增加。2019年,可再生能源占加拿大能源供应总量的16%,在最终能源消耗中的份额为25%,2/3的可再生能源来自水力发电,1/4来自生物质能发电。加拿大农林生物质资源非常丰富,一系列生物质原料可用于生产清洁燃料和清洁能源。此外,由于加拿大的森林和农业原料被认为是高度可持续的,加拿大的清洁燃料对其他外国市场具有很强的吸引力。加拿大的生物燃料主要包括生物乙醇(72%)和生物柴油(28%)。从2010年到2020年,来自生物能源的电力增长了11%,在2020年占总量的1.6%。

2020年加拿大设定了到2030年温室气体排放减少40%~45%,到2050年实现净零排放的目标[1]。目标中包括清洁燃料法规(2022年实施)和2020年宣布的15亿美元清洁燃料基金,将支持建立新的国内清洁燃料生产能力,建立生物质供应链,并开发启用代码和标准。

3) 风能与太阳能

近年来,加拿大风能和太阳能已被证明与其他发电资源相比具有较强的竞争力。从2010年到2020年,风能发电量增长了四倍,达到36TW·h,占总发电量的5.6%,而同期太阳能光伏(PV)发电量从0.3TW·h增加到4.3TW·h。

随着各省和地区投资以实现电力系统脱碳和经济电气化,加拿大能源监管机构预测,在有利的市场条件和丰富、优质的风能资源的推动下,未来20年风电装机容量将增加两倍。太阳能光伏发电目前主要位于安大略省,不列颠哥伦比亚省、萨斯喀彻温省和阿尔伯塔省也出现了强劲增长。

2. 加拿大新能源发展战略及重要举措

能源对加拿大的经济发展非常重要,它占该国国内生产总值的10%,是资本投资、出口收入和就业的主要来源。因此如何在能源转型与经济增长之间实现平衡,并通过制定更好的国家战略和监管政策帮助本国在全球能源转型中取得成功,显得尤为重要。

2007年,加拿大将能源发展的重点放在了"清洁能源"上面,致力于不仅

---

[1] 陈洁. 加拿大发布《2030年减排计划》[J]. 中国林业产业,2022(4):56.

成为能源超级大国,更要成为清洁能源超级大国。为促进清洁能源的发展,加政府制定了大量的相关政策,包括税收政策、项目支持政策、可再生能源生产等政策。此外,作为"能源富矿"的加拿大,长期以来能源出口受制于美国,当特朗普执政时期,美国页岩气自给自足之后,能源进口急促下跌,这给长期对基础设施和油气出口依赖的加拿大带来了巨大损失,2020年,国内能源产量达到了满足国内需求所需的能源供应总量的179%。为解决未来能源生产过剩问题,加拿大正谋求出口渠道的多元化、管道建设多元化和加强能源投资的吸引力。这个时期的加拿大能源政策已经由单一的促进油气产业繁荣模式,过渡到中长期发展多元化能源的战略投资政策。

总之,加拿大政府能源政策的演变经历了20世纪70年代末到80年代初侧重于能源供给的安全性问题、80年代中期后侧重于油气产业的繁荣、90年代后开始关注环境保护和节约能源的几个阶段。加拿大政府在各个不同的阶段,制定了一系列有关能源转型和能源安全的政策。

国际能源署(IEA)发布的《加拿大2022:能源政策评论》报告中,加拿大已设定以下目标:2030年将温室气体排放量从2005年的水平减少40%~45%,2050年实现净零排放。为了支持这些气候和能源目标,加拿大政府近年来制定了一系列政策措施,包括雄心勃勃的碳定价计划、清洁燃料法规、到2030年逐步淘汰有增无减的煤炭使用的承诺、核电站扩建、上游甲烷法规、能源效率计划以及交通脱碳措施等。

1)减排政策:2016年12月,加拿大政府发布《泛加拿大清洁增长与气候变化框架》,该框架包含了横跨该国全境和各经济部门的50多项行动计划,从碳污染定价、减排的补充行动、气候适应能力,以及清洁技术、创新和就业四个方面实现其减少温室气体排放的目标。2020年12月,加拿大政府提出强化气候计划,该计划在《泛加拿大清洁增长与气候变化框架》的基础上,又补充了64项新措施和150亿加元的投资。为了加快石油和天然气行业的脱碳进程,国际能源署呼吁采取强有力的行动遏制甲烷排放,并加快能源技术创新的速度。2018年4月,加拿大环境与气候变化部发布了与各省协商制定的石油和天然气行业甲烷排放最终联邦法规。该法规要求到2025年上游油气设施的甲烷排放量比2012年水平减少40%~45%,包括要求行业定期检查和维修设备以减少排放。2020年秋季,加拿大政府启动了7.5亿加元的减排基金,通过支持减少甲烷排放的投资,支持石油和天然气工人抵御新冠疫情和全球石油市场的双重冲击。

2) 清洁能源政策:随着能源低碳加速发展,加拿大也对清洁可再生燃料,特别是在氢能、先进的生物燃料、可再生天然气、可持续航空燃料和合成燃料上开展投资战略。为此,加拿大于2021年6月启动了清洁燃料基金,在五年内投资15亿加元,以降低建造新的或扩建现有清洁燃料生产设施(包括设施转换)所需的资本投资。清洁燃料基金旨在支持拟议的清洁燃料法规(CFR)和加拿大的氢能战略。2020年12月,加拿大发布了加拿大氢能战略(NRCan,2020)。该战略旨在刺激整个经济对氢气生产和使用的投资,并建立伙伴关系,将加拿大确立为全球氢气供应商。另外,加拿大的生物能源也在低碳能源转型中发挥关键作用,如加拿大自然资源开发能源研究发展办公室支持的一系列生物质能发展项目。2019—2020年,该办公室投资超过5亿加元用于300个能源创新和清洁技术研发项目。国际能源署(IEA)发布的《加拿大2022:能源政策评论》(*Canada 2022 Energy Policy Review*)报告称,由于水电的主导地位和核电的重要作用,加拿大电力系统的83%已达到无碳排放状态,并且是世界上最清洁的电力系统之一。水力发电在加拿大多个省份发挥着主导作用,而且加拿大的许多水电项目都是大型项目,拥有很大的水库,这些因素也将极大地推动整合各种能源的发电,其中风能和太阳能发电都保持着增长势头。加拿大利用区域优势,通过建立省际互连互通关系,提高水电和可再生能源的普及率。为了进一步支持可再生能源发电的增长,加拿大政府于2021年6月宣布实施"智能可再生能源和电气化路径方案",在四年时间里为智能可再生能源和电网现代化改造项目提供多达9.64亿加元的资金。加拿大政府正在通过多个计划投资多个项目以支持可再生能源技术的部署,包括:投资2亿加元用于支持加拿大尚未建立的可再生能源技术,例如潮汐能和地热能,从而扩大各省和地区可用的可再生能源技术组合;投资5.2亿加元,通过支持清洁、可再生能源基础设施,减少北部和偏远社区对柴油燃料的依赖;1亿加元用于智能电网的部署和演示,通过提高系统灵活性和最大限度地利用资产来实现更大的可变可再生能源整合;4.5亿加元用于为电动汽车充电、天然气和加氢站部署基础设施,并支持技术示范项目;9.64亿加元用于部署可再生能源和电网现代化项目,旨在通过鼓励用可再生能源替代化石燃料发电并提供必要的电网服务来减少温室气体排放。

3）提高能源效率政策：加拿大联邦政府与各省和地区协商，推动一项全面的能源效率战略，为建筑、工业和运输部门的能源效率制定明确的目标。推进以人为本的清洁能源转型方法，包括促进清洁能源部门多元化和包容性的举措；增加北部、偏远和土著社区获得清洁能源的计划；以及为煤炭工人及其社区实现公正过渡的行动。

4）技术与创新：加拿大将技术和创新视为其实现净零排放的重要组成部分。《泛加拿大清洁增长和气候变化框架》（PCF）将清洁技术、创新和就业列为四大关键支柱之一。引入战略创新基金，进一步加强重工业脱碳、清洁技术商业化以及有效加速国内温室气体减排项目的支持；"推动清洁技术项目"倡议；建立减排基金，在海上部门部署减排技术和相关研发；五年内向加拿大可持续发展技术公司提供 7.5 亿加元，以支持初创企业并扩大公司规模，使商业前清洁技术能够成功展示可行性并支持早期商业化工作；提供 3680 万加元，以推进关键的电池矿物加工和精炼专业知识；与不列颠哥伦比亚省政府合作，帮助建立创新和清洁能源中心；支持加拿大经济部门的新兴清洁技术等。《加拿大 2022：能源政策评论》中列出了国际能源署（IEA）设立的以能源创新体系四大支柱（资源推送、知识管理、市场拉动、社会政治支持）为基础的能源创新政策框架（详见图 6）。

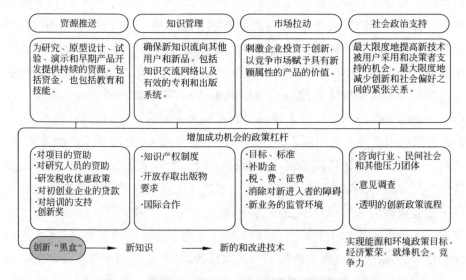

图 6　国际能源署（IEA）能源创新政策框架图

资料来源：IEA（2020b），追踪清洁能源创新——使用指标影响政策的框架

3. 加拿大新能源发展面临的机遇和挑战

加拿大拥有丰富的可再生能源资源,尤其是水力资源,这使其能够在其电力部门实现可再生能源的可观渗透。因此,加拿大已经在 IEA 国家中拥有最清洁的发电系统,成为清洁能源的全球领导者。2020 年,加拿大在可再生能源发电份额方面全球排名第六,在全球清洁技术 100 强企业中就有 12 家加拿大公司和全国各地的土著领导人为其社区建设和运营可再生能源项目。

随着加拿大不断发展的能源系统减少了对传统碳氢化合物的依赖并增加了对清洁燃料和技术的依赖,加拿大看到能源安全的概念从化石商品供应安全演变为更广泛的可持续性模式,强调能源使用效率、生产更清洁的能源,更多地依赖清洁能源,利用技术来开发可再生资源和更清洁的燃料组合。随着清洁能源转型的展开,获得国内无法获得的制造清洁能源技术所需的关键矿物和关键部件的安全供应将成为加拿大能源安全日益关注的焦点。如今,这些燃料在加拿大总能源供应中的占比不到 6%,但预计到 2050 年,加拿大国家能源需求的 10%~51% 将由清洁燃料来满足达到其净零目标。加拿大有必要快速部署清洁燃料,以实现其 2030 年和 2050 年的温室气体减排目标。

随着加拿大电气化的发展,如果不采取适当的对策,电力系统中智能设备的自动化、数字化和部署将增加能源系统对网络安全风险的脆弱性。加拿大意识到潜在的破坏可能对国家安全、公共安全和经济安全造成重大影响,并积极参与改善网络安全和防御。加拿大已经看到网络活动的增加,从而加强了保护能源基础设施的努力,包括加强区域网络合作,特别是与美国的合作。同样,极端天气事件的频率和严重性日益增加以及气候变化加剧的长期气候变化对能源系统可靠性构成的威胁仍然令人担忧。加拿大正在与能源部门和各级政府合作,以提高其能源系统的可靠性和弹性。

此外,凭借高度分散的政府体系,加拿大各省和地区对能源政策和法规拥有相当大的管辖权,因此跨省和与联邦政府的协调是成功实现能源转型成果的重要因素。

(三) 北美新能源领域的竞争格局

通过对美国与加拿大能源现状、能源政策进行梳理与分析,从而对北美地区新能源领域的战略发展动向与竞争格局有了清晰的认知。

1. 在全球积极兑现净零排放目标的背景下,能源格局转型已然是历史发展的必然趋势

在国际能源署旗舰报告《全球能源行业 2050 净零排放路线图》提出的净零排放路径中,可再生能源将逐渐成为主导能源。可再生能源作为一种更加清洁的能源,在能源供应多元化发展中扮演越来越重要的角色,尤其在发电领域。在太阳能和风能强劲扩张的推动下,可再生能源在全球发电中的份额继续呈上升趋势,图 7 中显示,到 2021 年可再生能源在发电中的份额接近 13%。

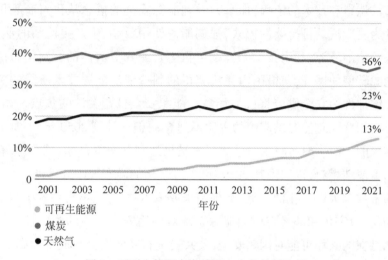

图 7 可再生能源在全球发电中的份额比例
资料来源:2022 年英国石油世界能源统计

英国石油(BP)发布了 2022 年版的《世界能源统计年鉴》,2011—2021 年,全球可再生能源消耗占比提高了 3.29%,全球可再生能源发电量由 2011 年的 908.3kW·h 到 2021 年的 3657.2kW·h,年增速 14.9%。中国市场份额占比最高,为 31.5%,美国市场份额排行第二,占比 17.1%。美国能源信息署(EIA)预测美国可再生能源发电的份额将从 2021 年的 21% 增加到 2050 年的 44%。报告预测可再生能源的增长主要为新增风能和太阳能。到 2050 年,水电能的贡献基本保持不变,地热能和生物质等其他可再生能源发电总量仍不到总发电量的 3%[①]。美国有能力建立一个以风能和太阳能等清洁的可再生能

---

① ANNUAL ENERGY OUTLOOK 2022. https://www.eia.gov/outlooks/aeo/.

源为主体的能源系统。加拿大可再生能源的增长主要为水电和生物能,预计加拿大的可再生能源发电(水电、风能、太阳能、生物燃料)预计到2050年占比将从2020年的69%增长到80%。为了进一步支持可再生能源在电力领域的增长,加拿大智能可再生能源和电气化途径计划于2021年6月宣布,在四年内为智能可再生能源和电网现代化项目提供高达9.64亿加元的资金,加拿大从自然资源管理和能源安全角度高度重视生物质能开发与利用,加快推进创新解决方案,促进到2050年实现净零排放。

2. 北美国家积极构建新发展格局,以更开放的心态参与全球竞争,是能源效率国际合作努力的积极领导者和参与者

总体来说,北美地区石油和天然气资源丰富,能源转型策略相对温和,一方面以促进能源技术进步为主导,另一方面推动清洁能源和新能源对高碳化石能源的替代。围绕应对气候变化目标,北美国家制定和实施了一系列应对气候变化的战略、措施和行动,提出了更积极的碳排放目标。美国承诺2035年实现电力行业净零排放,2050年实现温室气体净零排放。美国发布2050年长期战略,设立2050路线图;发布《降低通货膨胀法案》,出台一系列关于再生能源开发和使用的刺激政策,以应对气候危机、加强美国能源安全和再生能源开发;出台《2021年公平转型和竞争法案》,主张对进口的碳密集型商品征碳关税;投资与推广交通、电力和建筑行业内清洁能源的利用等。加拿大承诺2035年起禁止销售燃油新车,2050年实现净零排放。加拿大发布了政府增强版气候计划,在建筑、交通、电力、能源及工业领域制定相应的减排措施;推出一系列财税政策,加大重要减排项目的投资和财税支持;推广遍布全国的能源教育等。

为促进清洁能源的发展、保障国家的气候安全与能源安全,北美国家从政治、法规、经济、科技等多个方面都提出了具体的实施路径。此外,美国、加拿大、墨西哥三国组织领导人峰会,在气候变化、节能减排和环保方面达成一致立场,在可持续和公平的能源转型、清洁能源创新、连通性和低碳交通方面加强合作。三国加快在可持续、有弹性和清洁能源基础设施方面取得进展,包括鼓励发展跨境清洁电力传输。积极加强全球气候变化合作与应对已成全球共识。

3. 推进能源革命，关键在人，根本上在人，能源产业队伍也在面临着进入新时代前所未有的挑战。人力资源已然成为能源发展的第一资源

北美国家注重创新人才的培养，尤其是新能源青年人才的培养，积极开发和推进知识及其应用，在与全球知识、技术和人才库联系方面发挥着关键作用。加拿大每个学生的高等教育支出方面在经济合作与发展组织中排名第五，比经合组织平均水平高出50%，在高等教育支出占GDP的份额方面排名第三，这些支出有大约一半来自政府来源。加拿大拥有高等教育学历的人口比例在经合组织中排名第四。与能源创新特别相关的是，加拿大13%的高等教育毕业生从事工程、制造和建筑行业，略低于经合组织14%的平均水平。2018年，大约43.6万名加拿大人从事与能源效率行业相关的工作——超过石油和天然气行业，并且增长速度快于整体经济。目前，美国有超过300万人从事清洁能源相关工作，这个机会可以振兴美国能源部门，促进整个经济的增长，助力美国巩固其世界清洁能源的领导者地位。

三、澳大利亚

（一）澳大利亚新能源产业发展背景与战略

1. 澳大利亚新能源产业发展背景

煤炭及其出口是澳大利亚的经济支柱之一。根据联邦矿产资源部发布的数据，2019年，资源出口直接贡献了澳大利亚经济增长的1/3以上。但在全球化的去碳化潮流中，煤炭出口正在下降，煤炭产业受到冲击。主要煤炭出口国日本和韩国相继发布2050年之前使温室气体净排放为零的目标，中国也宣布力争2060年实现碳中和。澳大利亚在寻找下一个煤炭市场的同时，也在全面展开"去化石燃料"动向，积极拓展新能源市场。①

2. 澳大利亚新能源产业发展战略

澳大利亚近年来在新能源领域发展迅速。由于对大规模风能、太阳能和

---

① 澳洲能源企业寻找中日韩外的新市场 https://cn.nikkei.com/industry/ienvironment/43400-2021-01-12-04-59-02.html? start=0，2021-1-12.

储能的投资水平空前,以及屋顶太阳能和家用电池解决方案的安装水平达到创纪录水平,新能源在过去几年为澳大利亚带来了巨大的经济增长。2016年,该国只有17%的电力来自可再生能源,其中大部分来自新南威尔士州和塔斯马尼亚的长期服务水电系统。到2020年,澳大利亚27%以上的电力来自清洁能源,其中风能和屋顶太阳能处于领先地位,电池存储成熟,氢能行业继续快速发展。

此外,澳大利亚拥有发展氢能产业的巨大优势。澳大利亚地球科学部的一份新报告指出:澳大利亚是具有高氢气生产潜力的地区。具体表现为:澳大利亚每个州和地区都具有生产氢气的前景;澳大利亚具有高科技的低排放的氢气生产方法,包括利用风能、太阳能和水力等可再生能源通过电解生产氢气,以及化石燃料衍生氢气与碳捕获和储存技术(CSS)。[1] 并且国际能源机构的《世界能源展望》曾预测,澳大利亚可以轻松生产1亿吨石油当量氢气,相当于如今全球天然气消费量的3%。[2]

3. 澳大利亚新能源产业发展战略

自澳大利亚联邦政府颁布《澳大利亚的长期减排计划》以来,为实现力争在2050年达到零排放这一目标,澳大利亚联邦政府联合各州政府及机构共同推进新能源产业的发展。澳大利亚政府围绕政策的制定、资金的投入、国际合作的推进等多个方面推进清洁能源的持续发展。

一是政策方面:澳大利亚联邦政府于2019年11月发布了《澳大利亚氢能战略》,将其上升至国家战略高度并已在全国范围内开展多项氢能项目试点。该政策的颁布确定了15个发展目标、57项联合行动,总体战略是大力发展清洁、创新、安全和有竞争力的氢能源产业,以新能源制氢、氢发电、氢出口作为重要策略,力争在2030年成为全球氢能市场的主要参与者。在2020年5月制定了《技术投资路线图》,开始重视并依靠新能源技术投资帮助国家实现减排目标。该战略优先考虑氢能发展,形成了以氢能发展为重点的新能源产业发展战略格局。此外,在2019年澳大利亚地球科学部与工业、创新和科学部合

---

[1] https://www.industry.gov.au/sites/default/files/2019-11/australias-national-hydrogen-strategy.pdf.
[2] https://www.dcceew.gov.au/about/news/australias-hydrogen-potential-a-message-from-the-chief-scientist.

作,完成了对澳大利亚氢气生产潜力的国家规模空间分析,以帮助制定澳大利亚的国家氢战略。

二是资金方面:澳大利亚政府在为清洁能源的发展提供资金支持。如维多利亚州的 Maiden Gully CFA 获得了联邦政府 12500 美元的赠款后,于 2020 年安装了 6.6 千瓦的太阳能光伏系统和 13.5 千瓦的电池。这个太阳能系统为他们提供了重要的备用能源,预计每年可节省多达 6.8 吨的温室气体排放。[①] 澳大利亚政府大力支持氢能发展,从 2015 年年初至 2019 年年底,已累计投入 1.46 亿澳元用于支持氢能源相关研发、可行性研究以及项目试点工作,已承诺为澳大利亚的氢气开发投入超过 9 亿美元,包括一系列氢气枢纽和开发氢气认证计划,以促进贸易。[②]

三是国际合作:澳大利亚政府在有力地推进清洁能源的国际合作。通过与部分发达国家建立伙伴关系,支持全球清洁能源转型。如澳大利亚政府于 2021 年 6 月签署了澳大利亚—德国氢协议承诺,该承诺指出澳大利亚强大的氢生产潜力将与拥有先进的氢技术专业知识的德国进行合作,推动着两国建立一个具有深度供应链的全球氢产业。该协议的关键举措之一是建立了德国—澳大利亚氢创新和技术孵化器(HyGATE),旨在支持氢供应链上的世纪试点、实验、示范和研究项目。澳洲和德国已分别承诺拨款 5000 万欧元成立 HyGATE。[③]

澳大利亚各州政府为新能源的发展做出了巨大的贡献。如新南威尔士州政府承诺将提供 12 吉瓦的新输电容量,以促进全州 3 个可再生能源区的建设。塔斯马尼亚在 2020 年成为澳大利亚第一个 100% 电力来自可再生能源的州,并设定了到 2040 年实现 200% 可再生能源的目标。南澳大利亚州在 2020 年 10 月有了重要突破,当时其 100% 的电力来自太阳能一小时。[④] 而且该州还在持续扩大清洁氢气行业,为新的氢气项目和航运基础设施的投资已超过 25

---

① https://www.minister.industry.gov.au/ministers/taylor/media-releases/record-3-million-rooftop-solar-energy-installations.

② https://www.dcceew.gov.au/energy/renewable/target-scheme.

③ https://www.dfat.gov.au/about-us/publications/trade-investment/business-envoy/business-envoy-september-2022-charged-australias-clean-energy-edge.

④ https://assets.cleanenergycouncil.org.au/documents/resources/reports/clean-energy-australia/clean-energy-australia-report-2021.pdf.

亿澳元。其投资的核心是通过氢能就业计划在怀阿拉附近建造一座氢气发电厂。该工厂将包括250兆瓦的电解器，200兆瓦的发电量，并适合专用存储设施，并将于2025年12月投入运营。南澳大利亚州氢能办公室成立于2022年5月，负责监督该计划的交付。①

部分机构与公司也在为澳大利亚新能源的发展提供支持。如清洁能源理事会（CEC3）作为澳大利亚可再生能源和储能行业的最高机构，也在联合众多组织呼吁联邦政府加速清洁能源转型并采取响应措施，以保障澳大利亚经济发展的稳定性与可持续发展。并且积极与行业和政府合作，力图建立一个有竞争力和可持续的市场，以帮助加快澳大利亚能源系统向更智能、更清洁的转型。

又如澳大利亚清洁能源金融公司正在努力支持清洁、创新、安全和有竞争力的澳大利亚氢气行业的发展，为推进氢气基金提供了3亿美元的资金支持。符合条件的项目可以包括推进氢气生产、发展出口和国内氢气供应链以及建立氢气中心。该基金还正在考虑投资氢气出口行业的基础设施，以及帮助建立国内氢气需求的项目。②

目前，澳大利亚正将发展氢气产业作为新能源领域发展的重中之重。其中，氢气出口和技术改进是氢气战略发展的主要途径。一方面，澳大利亚在积极探寻能源贸易伙伴。澳大利亚首席科学家艾伦·芬克尔最近为COAG能源委员会准备了一份简报文件，概述了氢气路线图。该路线图确定了氢气将非常有可能成为澳大利亚未来几年出口收入的重要来源，有助于澳大利亚经济脱碳，并可能使澳大利亚成为低排放燃料生产的领导者。同时，该路线图做出预测，首先欧盟将使用氢气供暖、运输和工业应用，以实现其2050年净零排放目标。其次，到2050年，仅日本就打算每年进口多达1000万吨氢气。韩国、中国和美国的道路上将有数百万辆氢气汽车。最后指出，到2030年之后，在能源匮乏的世界中，制造、储存、运输和使用清洁氢的成本将变得越来越具有竞争力。此外，澳大利亚能源行业已经采取行动，如进行了HESC项目。该项目是澳大利亚最先进的氢气项目，也是世界上第一个通过海上制造、液化和运输液态氢到国际市场的项目。是由因向中国出口铁矿石而实现快速增长的澳

---

① https://www.cdp.net/en/articles/states-and-regions/south-australias-100-percent-renewable-energy-transformation.

② https://www.cefc.com.au/where-we-invest/special-investment-programs/advancing-hydrogen-fund/.

大利亚 FMG(Fortescue Metals Group)所开展的关于氢能源的业务。2020年11月30日,该公司与川崎重工业、岩谷产业签署了关于构建液化氢供应链的备忘录。FMG还在考虑在塔斯马尼亚开展利用可再生能源的氢业务,争取2021年做出投资决定。

另一方面,澳大利亚不断通过创新进行技术改进并加大低排放新兴技术投资。可再生能源局(ARENA)5月20日获得政府批准,可投资氢和碳捕获等技术。ARENA过去只允许为可再生能源项目提供资金,但根据其扩大的职权范围,该机构可投资《低排放技术声明》(LETS)中包含的技术,包括储能、低排放铝和钢生产技术等。这项法规将确保ARENA能够实施2020—2021年联邦预算中的目标计划,包括未来燃料基金和工业能源转型研究计划、澳大利亚地区微电网试点计划及提高能源生产率计划。

(二)澳大利亚新能源产业技术创新

(1)生物能

2020年澳大利亚宣布了几个著名的生物能源项目,其中最突出的是澳大利亚首例马拉巴尔生物甲烷气注入项目。该项目包括安装气体净化和升级设备。该项目能将沼气升级为生物甲烷,再将生物甲烷注入天然气网络,产生初始容量为每年95太焦的可再生绿色天然气。该项目的突破将有助于满足大约6300户家庭的天然气需求,并且有可能扩大到每年200太焦,满足大约13300户家庭的天然气需求。

(2)太阳能

DHL供应链太阳能装置是2020年澳大利亚最为典型的太阳能创新技术案例,该装置所产生的电力可以使现场消费和在国家电力市场(NEM)上交易同时进行。该项目是一种具有开关技术的创新控制系统,可通过两个独立的通道隔离电力,并且允许DHL在其仓库屋顶安装一个1.7兆瓦的太阳能系统,该系统是其抵消现场白天电力需求所需的两倍。系统产生的多余电力可以在NEM上进行交易,算法根据太阳能输出、批发电力市场信号和租户需求确定最佳组合。此外,该项目的发明者BTPS还解决了希望在租用建筑物上安装太阳能系统的租户经常遇到的挑战,因为如果租户搬出,房东仍然可以在NEM上进行交易。该项目具有巨大的潜力,为开发NEM连接的屋顶发电站开辟了道路，可能从根本上改变商业太阳能空间。该项目于2020年获得了清洁能源委员会太阳能设计和安装奖。

（三）澳大利亚新能源产业人才培养

新能源产业发展为澳大利亚人民提供了丰富的就业机会。2019年，清洁能源委员会委托悉尼科技大学的可持续未来研究所对澳大利亚可再生能源行业的就业情况进行了研究。这是该行业有史以来第一次全国性的就业研究，研究目的是全面了解目前可再生能源行业的就业人数、他们从事的工作以及该行业的未来就业前景。

2019年澳大利亚可再生能源行业就业人数超过25000人。按照新能源领域划分，其中超过1/3的可再生能源工作属于小型太阳能领域，其中37%的清洁能源劳动力涉及在澳大利亚家庭和企业的屋顶上安装太阳能。到2020年增长了17%，达到7713家，而获得批准的太阳能零售商则增长了66%，首次超过1100家。风能是2019年清洁能源行业的第二大就业领域，雇用了7200人，占工作岗位的28%。其次是大型太阳能，占13%，水电占10%。电池安装和太阳能热水器构成了该行业的其余工作。

按照区域划分，维多利亚州是清洁能源工作的主要司法管辖区，雇用了澳大利亚30%的清洁能源劳动力。新南威尔士州和昆士兰州各自占清洁能源工人的24%。作为前汽车制造中心的南澳大利亚州正在利用其转型来推动创新，重新培训工人，并为当地社区创造绿色就业机会。[①]

未来澳大利亚新能源就业市场将会产生重大变化。一是新能源岗位的变化。目前，新能源领域的绝大多数工作岗位是新可再生能源项目的开发、建设和安装。但清洁能源委员会指出，随着未来10年该行业的成熟，现有清洁能源站点的运营和维护职位将占据未来新能源领域多达50%的工作岗位。二是，伴随着岗位的变化，就业者将会因技能素质不足而面临技能短缺的挑战。三是，由于政策的不确定性、建筑和安装工作的项目性质、偏远地点以及与其他行业的薪酬竞争，使得该行业很难吸引和留住合格的员工。在大型部门中，雇主发现吸引建筑经理和工程师特别困难，而小型部门在寻找合格的电工、主管和屋顶工人方面遇到了最大的麻烦。

---

① https://www.cdp.net/en/articles/states-and-regions/south-australias-100-percent-renewable-energy-transformation.

四、东亚

(一) 日本新能源产业发展战略与趋势

1. 日本新能源产业发展背景

日本能源资源稀缺,能源自给率极低。支持其经济发展的所需能源,如石油、煤炭和液化天然气等化石燃料的供给长期依赖海外进口。日本约90%的原油需求都依赖中东,而且液化天然气和煤炭还主要依赖从亚洲与大洋洲进口。[①] 而且自2011年日本发生福岛核电站灾难性的核事故后,日本的能源燃料结构被迫改变,只能逐步降低对核电的依赖。为此,日本政府迫切地希望创建一个多层次的能源供应结构,推动可再生能源产业发展,以此来充分利用每种能源,使其获得最佳性能,并弥补其他资源的劣势。

总的来说,日本发展新能源的潜力很大,但发展状况不佳。如日本的地形特征使其在风力发电方面具有巨大潜力。日本由6850个岛屿组成,且超过70%的领土是山区。日本海上风力发电潜力比该国的电力需求高出8.1倍,发展潜力位居全球前3名。据日本风力发电协会(JWPA)主席Jin Kato称,该国致力于建造大型海上风电场,包括128 GW的固定底部和424 GW的浮动风电场。虽然潜力巨大,但风力发电(离岸和陆上加起来)在日本总能源结构中份额最低。2017年,风能仅占能源组合的0.6%。日本也不是全球领先的10大海上风力发电发电机之一,在经济合作与发展组织中的10个最大成员国中,日本自给率排名落后。此外,国际可再生能源机构称,日本拥有世界第三高的地热能潜力。然而,目前只使用了2%左右。[②]

2. 日本新能源产业发展战略

自日本福岛核电站核事故后,日本政府制订了一系列可再生能源计划。如日本政府于2011年8月通过了《电力公司从可再生能源采购电力特别措施法》,以鼓励在日本投资和开发可再生能源。由政府设规定可再生电力的采购条件(期限和价格),并要求公用的事业公司购买,推动成本的降低并能够增

[①] https://www.enecho.meti.go.jp/en/category/special/article/detail_171.html.

[②] https://energytracker.asia/japan-hydrogen-plans-a-closer-look/.

可再生能源在电力市场上的优势。这些投资的绝大部分都流入了太阳能光伏电池。大型太阳能光伏系统的价格在2012—2017年下降了近30%。2009年太阳能发电量仅为262.7万千瓦，在8年内，日本的太阳能发电量增加了16倍，提升至4204.1万千瓦。①

2020年10月，日本宣布目标是到2050年实现碳中和。为实现这一目标，日本继续推进了新能源计划。如2021年制订了第6次《能源基本计划》，主要内容包括：一是确定了日本下一阶段将如何应对气候变化，宣布到2030年减少46%的温室气体排放量的目标，并努力追求减少50%的更崇高目标。二是制订了日本克服能源供应或需求结构面临的挑战的计划。日本将以S+3E（安全+能源安全、经济效率、环境可持续性）为前提，彻底实现可再生能源的主力电源化。该计划首次提出"最优先"发展可再生能源的能源方针。日本政府展望：到2030年，太阳能将从以前的7%的目标调整到14%~16%，风能从1.7%调整到5%，氢能从8.8%~9.2%调整到11%。与此相反，煤炭将从以前26%的目标减少到19%，而液化天然气（LNG）将从27%降低到20%，原油将从3%减少到2%。经过调整，日本政府将2030年可再生能源发电所占比例从此前的22%~24%提高到36%~38%，其中氢气和氨气等较新能源发电将占到电力结构的约1%。②

此外，日本政府加大了新能源领域的补贴，旨在减轻日本企业和家庭更高的能源成本负担。如在2021年的预算草案增加了购买电动汽车、插电式混合动力汽车和燃料电池汽车的补贴，并为充电和氢燃料基础设施的发展提供了补贴。这次补贴也在促进着电力和氢的发展，为实现2050年碳中和做出努力。③

3. 日本新能源发展趋势

1）扩大风力的引进。由于风车的大型化、海上风力发电的扩大等，国际上的价格正在下降，日本正在持续扩大引进风能。此外，除了确定风能的适合地点、逐步调整地区、降低成本，还将切实推进北海道、东北、九州等高消费地区的高效输电系统的完善，增强输电系统的应对能力，以及提升系统侧蓄电池

---

① https://www.adb.org/sites/default/files/publication/571731/adbi-wp1085.pdf.
② https://www.enecho.meti.go.jp/category/others/basic_plan/.
③ https://www.meti.go.jp/english/policy/external_economy/investment/pdf/0324_001f.pdf.

储备力等。陆上风力将继续寻找合适的土地和降低成本。海上风力,在大量引进和降低成本的同时,经济效益效果较好,为此日本将推进海上风力作为可再生能源电源化的主力。

2) 提高生物质能的利用率。日本将从可利用能源木质和废弃物等生物质资源有限、确保可持续性且发电成本居高不下等角度出发,动员各种政策,确保提高其可持续性与利用率,谋求扩大生物质燃料的稳定供给,降低发电事业的成本等。对于以进口为中心的生物燃料,有必要根据国际动向和新一代生物燃料技术开发的动向,继续引进。

3) 持续开发地热能。日本在地热资源量方面位列世界第三,是承担日本能够稳定地进行发电的主要能源。今后,将继续推进发电后的热水利用等能源的多阶段利用。另外,日本将致力于降低投资风险、完善输配电网、重新审视相关法令规定的运用来完善事业环境等措施,加速地热开发和降低成本,在中长期的观点的基础上推进可持续开发。[①]

(二) 韩国新能源产业发展战略与趋势

1. 韩国新能源产业发展背景

化石燃料主导着韩国的能源结构,其中37%来源于石油,其次是21.8%来源于煤炭、23.7%来源于液化天然气,以及11%来源于核电,而可再生能源仅占韩国能源结构的6.4%,在经合组织成员国中排名最后,太阳能和风能仅占该国发电量的4.7%。与其他G20国家相比,韩国逐步淘汰煤炭的速度要慢得多。2015—2020年,它已将煤炭发电量减少了10%。这远低于日本的15%,欧盟27国的48%和英国的93%。在空气污染、对核电厂安全和气候变化的担忧的驱使下,虽然韩国长期以来一直在拖延可再生能源转型,并且仍然远远落后于其他发达国家,但这种情况正在开始改变。

2. 韩国新能源产业发展战略

韩国新能源产业发展的政策战略近几年有所变化。为推动韩国能源产业的转型,韩国政府采取了相应的计划以减少对核能和燃煤发电的依赖,并增加

---

① https://www.enecho.meti.go.jp/category/others/basic_plan/.

可再生能源的长期占比。如在2020年7月14日宣布了绿色新政,绿色新政中提到了新能源的发展规划。如新政中指出,到2030年达到可再生能源发电20%的目标和三个主要战略目标。主要战略目标包括绿色城市发展、低碳分散能源和创新绿色工业,其中将可再生能源项目的发展列在战略目标的规划之中。并且政府承诺为绿色能源项目提供约95亿美元的资金,并计划到2025年实现42.7千兆瓦的可再生能源产能。

同一年,韩国贸易、工业和能源部(MOTIE)制订了第九次电力供需基本计划,计划逐步淘汰煤炭产能。2021年3月通过的修订后的《可再生能源法》加强了韩国的可再生能源组合标准,要求主要电力公司到2034年将其可再生能源份额从2023年的10%提高到25%。有学者指出,绿色新政与第九个基本计划、排放交易计划(ETS)和可再生能源刺激计划一起,推动了韩国能源结构的转型的积极转变。[1]

在2023年1月,韩国贸易、工业和能源部(MOTIE)制订了第10个基本能源计划,该计划受到日本2011年福岛第一核电站事故的影响,取消了前总统文在寅的政策,将核能的发展确定为未来韩国新能源领域的优先发展方向。计划内容主要包括:优先保障电力供应稳定、促进煤炭和氨共同燃烧以及蓝色氢气以减少排放、通过约360亿美元的投资来扩充可再生能源存储和网格,以及到2036年实现可再生能源、液化天然气、核能和煤炭能源共同组合韩国的能源结构。虽然韩国政府的具体发展战略有所变化,但总体上正朝着发展新能源领域的方向迈进。[2]

3. 韩国新能源发展趋势

韩国海上风力发电潜力强劲,未来能够进入世界领先的行列。为此,目前韩国将海上电力的发展作为韩国新能源领域发展的主导方向,举措包括:一是韩国计划加强海力发电的基础设施建设。到2030年建造一个8.2GW的海上风力设施和一个6GW的浮动风力发电综合体。二是韩国计划考虑扩大风力发电招标市场的引入,并将RPS系统转换为拍卖系统。三是寻找大型海上风电场的位置,韩国计划在多达13个地区进行可行性研究。

此外,韩国也正在吸引外国风能开发商的参与。如Orsted是可再生能源

---

[1] https://energytracker.asia/category/region/south-korea/.

[2] https://english.motie.go.kr/www/main.do.

的全球领导者之一,将计划在仁川附近开发 1.6GW 的海上风能。该公司也正在准备与当地公司合作,为韩国的能源转型做出贡献。在 2021 年 8 月,韩国向 Total Energies 和麦格理的绿色投资集团(GIG)颁发了 1.5GW 浮动海上风电场的首次许可证。这项计划如果完成,将会成为全球最重要的浮动海上风力项目之一。而且荷兰的一家公司也预计在韩国蔚山海岸附近开发 1.4GW 浮动的海上风电场。

但韩国的海上风电也面临着一些挑战。主要挑战是监管非常复杂、许可流程不可靠、供应链和电网存在不确定性,以及早期开发成本的负担重等。此外,他们遇到了当地居民的反对。据彭博社报道,这可能会使韩国错过 4.6GW 的风力发电目标。①

---

① https://www.kimchang.com/en/insights/detail.kc? sch_section = 4&idx = 26720.

第二章 全球高校新能源领域创新型工程科技人才培养

新能源的可持续发展离不开工程科技人才培养,本章剖析了柏林工业大学、德国弗劳恩霍夫协会、丹麦技术大学、麻省理工学院、斯坦福大学、多伦多大学、阿尔伯塔大学、新南威尔士大学8所欧洲、北美等高校和科研机构在新能源领域人才培养的典型模式,总结了其在新能源领域人才培养的各自特点。

一、跨学科整合的新能源人才培养——柏林工业大学

柏林工业大学(Technische Universität Berlin,TUB)是一所创立于1770年的研究型理工大学,是德国理工大学联盟(TU9)组织成员,拥有7200名教职工和33000名学生。柏林工业大学注重可持续发展,坚持研究与教学不分离,使用以创新技术为主导的教研方法,以实践为导向促进知识和技术的转移。能源系统/流动性/可持续资源是其6个关键研究领域之一,主要研究新能源载体、能源供应、可持续生产回收,并对可再生能源开展动态研究。柏林工业大学本科为3年制,学生需要在3年内完成180 ECTS[①]。其中课程模块163 ECTS,包括115~124 ECTS的必修课程,12~21 ECTS的必修选修课,9 ECTS的选修课程。此外还有,工业实习6 ECTS,学士论文12 ECTS。柏林工业大学跨学科新能源人才培养模式具有以下三大特点:

---

① ECTS(European Credit Transfer System)欧洲学分互认体系,柏林大学的IECTS相当于30小时工作量。

特点1：通过跨学科整合开展特色教学。过程科学学院是柏林工业大学七大学院之一，重点研究材料和能源转换中物理、化学和生物过程，在教学和应用研究中将工程与自然科学相结合。该学院以可持续性和资源效率为目标，将工程与自然科学全面、紧密的进行跨学科整合，形成学院在研究和教学方面的特色。学院开展的跨学科能源学位项目（详见表1）体现了能源跨学科的特色，包括建筑能源工程、再生能源系统、过程能源与环境系统工程、能源管理、能源工程与过程工程、建筑可持续性。

表1 柏林工业大学能源与过程工程学位项目培养规划

学年	学期	重点任务
第一学年 学习通识课程 培养社交能力	第一学期	新生学习基础科学课程：数学、物理、化学、热力学和经济学等通识课程，并且促进交流能力、社交能力。让新生广泛接触能源、过程和建筑相关内容，从而为其就业指明方向
	第二学期	
第二学年 学习专业课程	第三学期	开始学习特定的工程基础课程，例如机械、电子工程、交通和信息技术等，同时为第五、第六学期深入学习打下基础
	第四学期	
第三学年 课程学习 学士学位任务 准备硕士学习	第五学期	学习包括能源技术、道路和建筑技术在内的课程，完成学士学位任务。学生需要有针对性地选择科目，明确发展方向，体现能源处理或者建筑技术特色。即将读硕士的学生可以选择一个科目，并开始学习必要的硕士课程
	第六学期	

特点2：可持续发展理念贯穿人才培养始终。可持续发展是柏林工业大学使命宣言的一部分。可持续发展课程被纳入公共教育的课程体系中。在学校中和可持续发展有关的课程模块超过30个。例如，"生态创新原型"课程模块包含企业家精神和可持续发展两个方面。"TU项目"可以为本科生的可持续发展相关研究项目提供为期两年的自助，截至2018年已经成功自助了45个项目。另外，能源技术研究所隶属于过程科学学院，是学院六大研究所之一，不仅深耕于能源领域，还和相关学科结合，开展跨学科研究。研究领域包括能源系统的数字化变革、能源技术与环境保护、能源加工技术、再生能源转换技术、建筑中的能源、机械和能源设备技术、全球能源系统分析、脱碳能源系统等。

特点 3:以自然科学为基础的工程课程。以能源与过程工程本科学位项目为例,介绍能源相关专业情况。该项目特色是以自然科学为基础的工程课程。必修课程即奠定学生基础的课程,是教授工程知识和技能的课程,包括自然科学、技术基础、座谈研讨等知识。必修选修课程包括三个方向,分别是能源与工艺工程、可再生能源系统和建筑能源系统。选修课程即自由选择,与必修选修课程有区别,是完全自由的选择。学生可以在自由选修课程中获得额外的技术、跨学科和专业的技能。学生可以在柏林大学规定的学校或者院系中选修课程。能源与过程工程学位项目的学生需要了解资源保护,并学习如何在技术上实施环保能源供应流程,将能源、过程和建筑工程等学科结合在一个学习项目中,体现了柏林工业大学跨学科整合的特点,如表2所示。学生在学习中将获得数学、物理、化学、热力学、经济学的基本技能,以及机械、电气工程和信息技术、设计、材料科学等领域的工程特定知识。

表2 柏林工业大学能源相关学位项目

学位项目名称	学习内容	特点	学习时间/学分
建筑能源工程	以人类需求为核心,学习解决能源工程领域技术问题的方法和知识。了解供暖、通风和空调领域的知识,并在能源和安装工程以及室内气候这两个重点领域获得额外的技术知识	针对工业需求。结合建筑物,专注于能源和建筑工程	硕士项目 4个学期 120学分
再生能源系统	为具有扎实能源工程教育背景的学生提供专注于可再生能源的高级教育。学习如何将可再生能源和传统能源技术结合起来,并应用到环境可持续的能源供应系统中,发现和开发能源工程的创新	关注光伏、风能工程、生物材料转换方法,提供全面详细的教育	硕士项目 4个学期 120学分
过程能源与环境系统工程	学习规划和操作能源、环境和工艺工程过程的各个步骤,整体理解步骤。学习如何系统地调查和分类,找出优化潜力	可以通过选择能源工程、环境工程和过程工程。包括管理技能、语言和跨文化培训以及软技能也是该项目中不可或缺的部分	国际学习项目 硕士项目 4个学期 120学分

续表

学位项目名称	学习内容	特点	学习时间/学分
能源管理	能源领域的管理课程,包括能源管理的技术、法律、经济、商业管理和创业,提供在能源领域工作的所需技能。最终获得有关能源生产、分配和使用的技术原理以及经济、生态等相关知识	全面了解竞争和监管法的法律条例以及综合管理的规划、实施和控制,掌握关键的跨学科技能	继续教育硕士项目 3个学期 90学分
能源工程与过程工程	可以专攻能源工程、过程工程或者两者结合。提高热力学、动力学、操作和计算机等方面的知识和技能。可以获得关于材料特性、能源和过程工程等知识	不仅可以学习设备和设施的技术设计、建模和优化的综合规划方法,还可以学习科学实验和数据方法	硕士项目 4个学期 120学时
能源工程与过程工程	教授学生如何在技术上实施环保能源供应流程。了解用于制造药品和食品的公益及一般资源保护。涵盖主题广泛,将能源、过程和建筑工程等学科结合在一个学习项目中。学生获得数学、物理、化学、热力学、经济学的基本技能,以及机械、电气工程和信息技术、设计、材料科学等领域的工程特定知识	能源工程专业 过程工程专业 建筑工程专业	理学学士 6个学期 180学时
建筑可持续性	通过能源效率管理方法提供该领域的专业知识。学生学习专业相关且基础广泛的技术和商业经济学知识,以及根据房地产行业相关的管理知识,包括楼宇自动化、能源效率、能源生产、房地产管理和智能建筑	专注于在各种城市环境中实施可持续性	继续教育硕士课程 3个学期 90学分

二、面向应用研究的"合同科研"人才培养模式——德国弗劳恩霍夫协会

弗劳恩霍夫协会(Fraunhofer-Gesellschaft)成立于1949年,是德国也是欧洲最大的应用科学研究机构。1999年在中国设立代表处。目前,协会在德国拥有76个研究所和研究单位,主要由科学家和工程师组成的员工团队人数约

30000名，每年的研究预算超过29亿欧元，其中约24亿欧元通过"合同科研"产生。协会注重研究未来关键技术，使科学知识可持续地转化为商业成果，这种转移成果成为其创新体系的支柱。协会围绕研究各个领域建立科研联盟，提供了专业科研战略平台。联盟之下设有72家自主开展工作的成员研究所。协会成员研究所研究领域多样，跨学科研究的能力较强，和能源相关的成员研究所包括：能源基础设施和地热系统研究所（IEG）、风能和能源系统研究所（IWES）、太阳能研究所（ISE）、材料循环利用与资源战略研究所（IWKS）、经济能源和能源系统研究所（IEE）、能源基础设施和地热系统研究所（IEG）、环境/安全和能源技术研究所（UMSICHT）、光电系统技术及图像处理研究所（IOSB）。弗劳恩霍夫协会的"合同科研"人才培养模式具有如下特点：

特点1："合同科研"的忠实践行者。"合同科研"是协会进行成果转化的重要推动力。企业以合同形式对研究院提出需求并支付费用。研究院为企业量身定制方案，通过科研团队完成任务。"合同科研"给产学研搭建了一个平台，将基础研究成果带入到产业化发展中。"合同科研"形式在协会中得以充分运用。协会跨越产学研合作的鸿沟，成为"产""学"的黏合剂，将企业需求清晰准确地传达出来，并将成果顺利地转化应用，成为问题的解决者。协会的运作方式和管理制度大多是围绕"合同科研"形成和展开的。

特点2：灵活的"合同制"人才聘用机制。协会的研究所大多设在高校，对研究人员的管理相对灵活。协会吸收大量高校教师，奠定协会科研团队的基石；鼓励学生在校学习时参与项目研发，成为科研团队的潜在力量；吸纳社会上的科研人员，作为科研团队的专门人才。协会招聘方式的独特性和管理方式的灵活性使科研团队出现年轻、流动率高、项目化等特点。为此，协会采用固定岗和流动岗的管理方式，大多数科研人员采用合同制，合同周期为3~5年，项目完成或者合同到期，人员可以进入合作企业、高校或者其他项目组。而协会科研人员工作岗位的变动却带来更多项目合作的机会。

特点3：与高校合作推动新能源人才有序流动。协会和高校开展联合研究和教育，在德国的科学、文化、社会和商业发展方面发挥着重要作用。协会联合高校任命杰出的科学家担任大学教授和研究所所长。双方通过密切的人脉关系，进行联合技术转移，让研究成果得以有效应用。协会科学家进入大学教育增强了科研人员对学生的支持；大学教授进入协会增强了教育工作者对科研应用的支撑。以Fraunhofer IEE、Fraunhofer UMSICHT等能源相关研究所为例。卡塞尔、汉诺威和达姆施塔特大学是 Fraunhofer IEE 的合作院校。Fraunhofer UMSICHT 与德国和欧洲高校开展战略合作伙伴关系,研究团队的高层大多来自于高校,还有许多员工在高校任教,包括博洛尼亚大学、伯明翰大学等。协会将高校教授聘为负责人,一方面保障了科研人才的供应,一方面为高校基础科研提供面向第三方的实践平台。

特点 4:搭建新能源人才联合培养桥梁。协会作为桥梁机构与高校和企业建立连接,开展新能源人才联合培养。协会与纽伦堡技术大学合作成立 Fraunhofer 兴趣小组,开展关于未来工程、原材料创新、资源效率等能源相关研究。协会引入企业合作方,在工业和研究项目上与高校开展合作研究,共同指导学位论文,培养年轻科学家。协会非常重视国际人才培养,与中国科技、企业、教育界的合作近 30 年。中国科学院大学大气物理研究所与协会联合开展博士研究生"国际合作培养计划"。按照计划,2022 年协会将录取 10 人到协会有关研究机构进行 6~12 个月的研究学习。申请者需要提供外语水平证明、发刊录用函、获奖证书等。学习结束后学生需回国完成论文答辩,取得国科大学位。国科大将为入选者提供路费和第一年生活费。

特点 5:成为新能源产学研合作催化剂。协会提高产学研合作的机会,增强技术和成果转化率,成为成果向社会转移以及开放研究的催化剂。以创新为重点的研究可以相互促进发展,让年轻的科学人才通过大学、协会和工业行业建立灵活的职业道路。"合同制"聘用机制使研究人员在企业、高校、研究所间流动,增强产学研合作的力度。协会独特的人才培养机制为"学""产""研"之间搭建了顺畅的人才交流渠道。同时,这种聘用机制促进了人才共享,保障了创新人才的培养和转化。德国在政策上鼓励科研人员的创新行为,为科研人员创办企业提供便利条件,优化收入结构、提高工资待遇,帮助其进行身份的转换。

三、可持续能源设计的人才培养——丹麦技术大学

丹麦技术大学(Danmarks Tekniske Universitet,DTU)创建于 1829 年,是一所以研究为基础,商业为导向,面向国际的理工大学。DTU 坚持以可持续发展目标为活动平台,以自然科学和技术科学为中心,以社会需求为驱动力,以技术变革为手段,不断突破界限,发现并推动变革。DTU 致力于通过教育、研究、建议和创新为社会创造可持续的价值与福利。目前,学校拥有 11200 名学生

和6000名教职员工。DTU本科学制3年，本科学年分为6个学期，其中包括两个为期13周的学期和四个为期3周的学期。本科毕业生要求修满180 ECTS[①]，每学期学分不得低于30 ECTS，每个课程模块不得低于45 ECTS。丹麦技术大学新能源领域人才培养的特点为：

特点1：多领域的新能源研究机构。DTU的能源研究机构包括研究所和研究中心，涉及领域较多，研究方向多样，不同学科、部门之间经常开展联合研究。重要的新能源研究所和中心包括：DTU能源-能源转换与储存部，主要研究未来能源系统，尤其是太阳能和风能的转换和储存；DTU工程技术-工程技术与教学系，负责工程教育教学，通过教学、学生项目和企业合作等进行新产品和解决方案的技术工程转移；DTU离岸-丹麦海上技术中心，是丹麦的国家海上技术研发中心，主要为北海附近的近海工业开发提供技术解决方案，在能源转型中处于非常重要的地位；DTU风能-风能系，主要专注于国内和国际陆上和海上风能研究，在研究、教育、创新、政府服务方面都处于国际领先地位。

特点2：多元化、跨学科的新能源研究队伍。学校新能源院系、研究所及研究中心积极推动不同领域机构之间、不同院系之间联合研究工作，打造多元化、跨学科的新能源研究队伍。丹麦海上技术中心和五所大学合作建设跨学科的组织，与工业和学术界开展合作，并创建专有知识库，不断开发寻找新的解决方案来迎接挑战。中心每年举办为期两天的科技大会、青年研究院日等活动，开展暑期班教学活动。工程技术与教学系开展跨专业合作培养优秀的工程师，负责包括新能源领域在内的工程教育教学，通过教学、学生项目和企业合作等充实科研力量。

特点3：新能源政产学研用落实到位。DTU与政府、研究机构、企业联合开展工作，共同开展教学和研究、承担运作项目、完成成果技术转化等，将生产、教学、科研、实践应用系统地结合在一起，成为对接各方的平台。丹麦海上技术中心是DTU、哥本哈根大学、奥尔胡斯大学、奥尔堡大学和GEUS之间公私合作的研究中心，同时也是丹麦的国家海上技术研发中心，是丹麦长期国家能源战略的一部分。中心的建成和运作是DTU新能源领域政产学研用落实到位的体现，研究人员与多元化的机构开展合作，利用世界级实验室，将项目成果和技术成果进行有效转化。风能系专注于风能相关学科的培训教育工

[①] ECTS(European Credit Transfer System)欧洲学分互认体系；DTU的1 ECTS相当于28小时工作量。工作量包括准备时间、参与教学、考试以及项目等。

作,涉及空气动力学、大气物理、材料、电网集成、海上风能等不同主题课程,拥有两个风能硕士培养项目。同时,该系也是世界重点风能公共研究机构,下设3个研究部和14个研究室。在教学工作之外,风能系一直与风能行业研究机构、企业、政府开展合作,研究和开发新技术推动绿色转型。

特点4:可持续发展理念贯彻始终。DTU将可持续发展理念融入新能源领域工程科技人才培养的方方面面,认为能源对于确保人类未来的发展至关重要,并在许多工程学科中采取了新的举措。世界能源系统正在从化石能源向新能源转变,这需要具有创造力和技术能力的工程师秉持可持续发展理念正面迎接挑战。可持续能源学位项目培养的是未来工程师提供能源系统创新解决方案的能力,培养规划和课程设置如表3、表4所示。两个学期主要是可持续能源设计和基础科学科目。之后,学生可根据兴趣和研究方向选择科目。该专业要求毕业生具备基本技能、电器和能源技术技能、数字能力、创新能力。

表3 DTU可持续能源设计学位项目培养规划

学年	学期	重点任务
第一学年 学习基础科学课程:数学、物理、热力学、编程等	第一学期	学习"社会数字能源"的大型课程,迈出成为工程师的第一步
	第二学期	在"设计项目:能源转换和存储"课程中,建造和测试热能存储器,将电能存储转化为热能; 了解太阳能电池、风力涡轮机、电池等能源技术; 参观相关企业
第二学年 学习专业课程	第三学期	学习如何在个人消费和社会层面调节能源系统,并付诸行动。课程包括:宏微观经济学、工程控制、电能系统工作原理、风能等
	第四学期	1.两门必修:能源分析和分布式能源系统。2.选修课程(两门专业选修+校级选修)
第三学年 理论课 工具课 选修课 项目	第五学期	以选修课为主,也可选择国外学习。本学期结束到下学期,开始"创新能源解决方案项目"课程,学习解决与外部企业合作过程中的实际问题
	第六学期	1.必修:科学工程理论。2.通过学士学位项目完成学业。3.使用学到的知识解决合作企业的实际工程任务

表 4　DTU 可持续能源设计学位项目本科教育课程设置

学科模块	具体课程	学科模块	具体课程
DTU 可持续能源设计本科教育课程设置（技术科学学士学位）			
1. 基础科学课程（45） 必修课及专业基础课	数学Ⅰ（20） 统计（5） 物理Ⅰ（10） 编程和数据处理（5） 跨学科生物工程（5）	2. 技术路线课程（45） 可持续能源设计专业课程 学分组成：必修35+选修10 为进入硕士课程提供先决条件	必修（共计35）：控制技术（5）、能源系统该控制（5）、电能系统（5）、能源分析（5）、能源技术（5）、经济学（5）、应用力学（5）；选修（共计10）：生物资源（5）、基础电力电子（5）、分布式能源系统的协同管理的设计与实现（5）、通信网络的控制与数据收集（5）、电化学储能（5）等
3. 项目和一般课程（45） 为成为工程师奠定基础条件	第一阶段：工程领域的通用工具课程	4. 选修课程（45）	按照可持续能源设计方向和学生兴趣、规划选择的课程。必须从DTU的土木工程课程中选择45个学分，其他大学课程也可自由选择。推荐3个方向的课程：数字能源解决方案、现代能源技术、能源资源和系统
	第二阶段：参与专业项目，开展团队合作。设计项目：能源转换与储存（5）		
	过程中学习科学理论课程，包括：数字能源（10）、创新能源解决方案（10）、工程科学理论或工程学工程理论等（5），最终完成学士课程和学士项目（本科项目，15/17.5/20）		

注：括号内的数字表示 ECT 学分。

特点 5：注重以项目为导向的课程。DTU 在可持续能源方面处于世界前列，经常设计一些项目与丹麦国内或者国外企业合作，被称作以项目为导向的课程。项目的学术内容、学习目标以及评估等内容需要与 DTU 商定，以确保项目具有一定的专业水平和理论水平。对于无偿的项目导向课程,学士和硕士可以获得企业自愿提供的每月最高 3000 丹麦克朗,但学生不可作为公司的员工。项目企业、DTU 和学生三方需要签署一份项目建议书,就项目内容进行明确的说明。

DTU 要求学生必须修完 120 ECTS 才可以开始学士项目[①]。学生项目可以由学生单独开展,也可以以小组形式开展,内容包括实验工作、实地工作、理论研究、综合、建模和分析的组合,主要考查学生解决与工程相关问题和完成任务的能力。可持续能源设计学士项目可以由学生或小组与企业或者其他大学合作开展,但是项目主导师必须来自于 DTU,同时必须有来自工程教育外部考察团的外部考官进行考察,项目最终以报告形式体现。项目启动的第一个月,学生需要向导师提交项目计划。项目按照 7 分制评估,在外部审查的基础上,需要在导师、共同导师和工程教育外部考官的参与下完成口头答辩。

四、跨学科通用型人才培养模式——麻省理工学院

在如今整个能源行业正面临关键转型期的背景下,如何应对未来飞速增长的能源需求是每个国家急需解决的重要议题,麻省理工学院作为工程教育的领导者,担负着培养优秀能源专业领域人才,服务社会及人类的重要职责,让优秀的学生为国家和世界提供更好的服务,做出更大的贡献。2006 年,麻省理工学院启动实施一项能源倡议(MIT Energy Initiative,MITEI),通过创建低碳和无碳的解决方案,以高效、经济和可持续地满足全球能源需求,同时最大限度地减少对环境的影响,显著减少温室气体排放并减缓气候变化。其使命旨在将科学、计划和政策结合起来,改造世界能源体系。

1. 人才培养目标

自成立以来,MITEI 致力于培养具有强大专业背景的未来能源创新者,来改造世界能源体系,通过设置丰富的学习机会,包括能源研究辅修课程(ENERGY STUDIES MINOR)、第一年预培训计划 First-year Pre-Orientation Program(FPOP)、本科研究机会计划 Undergraduate research(UROP)、研究生能源研究员协会(Society of Energy Fellows),以及一系列在线能源课程,鼓励和

[①] 丹麦技术大学学士项目与国内的毕业设计相似。

支持所有的本科学生积极参与能源研究。在 MITEI,学生通过学习能源科学、技术、经济学和社会科学领域的核心基础学科,获得各种能源主题(太阳能、智能电网、节能与效率、政策与经济、电力传输与存储、氢燃料电池等)的强大基础知识,来了解和学习围绕能源与气候变化的复杂问题,为他们在工业、政府和学术界从事与能源领域相关职业做好准备,以合作解决全球能源挑战。

2. 课程体系设置

MITEI 为本科学生提供跨学科辅修教育项目-能源研究辅修课程(ENERGY STUDIES MINOR),该课程主要面向对能源及相关领域感兴趣的大二学生。对于跨学科辅修教育项目,MIT 并不直接授予专业学位,辅修能源研究的学生需要具备一项主修专业,完成主修专业课程和辅修项目后授予主修专业的学士学位以及能源研究辅修证书。

MITEI 为辅修能源研究的学生提供了 4 门核心课程,以及 24 门选修课程的学习计划(详见表 5),共设置了 69~72 学分,核心课程包括科学基础、经济学基础、社会科学基础以及能源技术/工程基础四大类。学生可根据兴趣自主选择课程,至少完成三门科目(或 36 个学分)的学习。MITEI 通过教授能源科学、技术、经济学和社会科学领域等基础学科的专业知识,让学生能够从不同角度综合思考能源问题,进而对未来能源及相关领域的各个方面有着全面系统的理解,更好地培养未来能源专业人士、领导者,以及在研究、工业制造、政策制定、能源治理方面的创新者所需的技能,以适应人才市场需求。

表 5　麻省理工学院能源研究辅修课程

一、核心课程	学分
(1)科学基础(二选一)	
能量物理学/地球科学、能源和环境	12
(2)经济学基础(二选一)	
微观经济学原理/商业决策的经济分析	9~12
(3)社会科学基础(四选一)	
全球经济地理/能源经济与政策/能源、创新和可持续发展经济学/全球能源:政治、市场和政策	12

续表

一、核心课程	学分
（4）能源技术/工程基础（五选一）	
高级能量转换基础/城市能源系统和政策/可持续能源/全球发展中的能源概论/能源在全球发展中的应用	
二、选修课程	学分
从以下课程中选择 2 门科目	24
生态学基础/工程可持续性：分析与设计/全球变化科学/用于多孔介质流动可视化的微流体技术/环境法、政策与经济学：污染防治/热流体工程/热流体工程 II/纳米到宏观的传输过程/智能和弹性电网的基础知识/光伏基础知识/能源、材料和制造/工程实践原理/材料结构/材料热力学/材料的微观结构演变/极端环境下的材料性能/清洁能源材料科学与工程/建筑环境技术/化合物的合成与动力学/可再生能源化学/热力学和动力学/电力系统概论/微、纳米加工技术/纳米电子学概论/能源哲学史/能源与环境问题的基础分析/化学与生物工程热力学/能源工程项目实验室/化学—生物工程实验室/运输过程/电化学能源系统/能源与环境政治/替代能源/全球环境谈判/环境政策与经济学/全球气候变化：经济学、科学和政策/统一工程：材料和结构/统一工程：信号和系统/统一工程：流体动力学/统一工程：热力学和推进/核系统设计项目/核能的社会问题/极端环境下的材料性能/核系统工程/能源、环境和社会	
总单位	69~72

资料来源：根据麻省理工学院-跨学科辅修教育项目-官网整理 http://catalog.mit.edu/interdisciplinary/undergraduate-programs/minors/energy-studies/。

3. 师资与教学资源

MITEI 与校内电气工程与计算机科学系、材料科学与工程系、土木与环境工程系、机械工程系、核科学与工程系、化学系、生物工程系、能源与环境政策研究中心、气候与可持续发展联盟、气候合作实验室、能源俱乐部、可持续发展办公室等多个院系、部门与研究中心，就太阳能、储能、电网、核能等能源领域展开一系列的研究和教育活动。MITEI 通过整合资源，聚集了一批优秀的跨学科能源领域专业团队，共同协同创新，开发应对世界能源挑战的解决方案。MITEI 还成立了能源教育工作组，定期组织教职工和学生代表召开会议，实施能源教育计划，来指导 MITEI 能源教育的发展。

MITEI 在 2018 年实施本科生研究机会计划（Undergraduate Research Opportunities Program，UROP），为教师、本科生、研究生、博士后和研究科学家

提供密切合作的机会,让学生能够参与具有科学和现实意义的前沿能源项目,进一步培养他们专业技能。学生可以选择获取报酬、学分或自愿的方式修读UROP,MITEI以及成员公司已经为400多名UROP学生提供了资金支持。MITEI不仅为学生提供实践机会,也为研究人员提供相应的资金和智力支持,制订MITEI种子基金计划,支持跨能源领域创新性早期研究项目。每年,该计划都会吸引知名的能源专家以及需要启动支持的新教师,合作探索与能源相关的新想法,并开辟新的研究途径。目前MITEI已为160多个早期研究项目提供了资助。

4. 校企合作项目

在MITEI的发展过程中,阿姆斯特朗作为该倡议的主任,积极推动与能源市场的行业领先者的紧密联系,引入英国石油公司、埃克森美孚公司、壳牌公司、沙特阿美公司、博世公司、爱迪生国际公司和洛克希德·马丁公司在内的70多家成员企业,致力于将联盟的产品推向能源市场,以改造地球的能源系统。

MITEI发起成立未来能源系统中心,与麻省理工学院世界一流的研究团队和其他行业领导者、全球组织密切合作,推动所有行业进一步、更快地减排。目前中心已有30家成员公司,开展的20多个项目涵盖包括清洁电力系统、脱碳技术、低碳交通在内的不同领域。

2009年,麻省理工学院、剑桥大学与清华大学成立"清华—剑桥—MIT低碳能源大学联盟",致力于围绕"发展低碳能源、应对气候变化"合作研发清洁能源技术,为应对气候变化做出积极贡献。联盟确立6个主要合作领域,包括洁净煤技术、建筑节能、工业节能与可持续交通、先进核能技术、智能电网等。联盟通过系列研讨会、出版物等形式,促进交流和资源共享。

5. 小结

作为麻省理工学院的能源研究、教育和推广中心,MITEI不遗余力地培养未来能源的创新人才,会集了来自麻省理工学院不同院系和部门的研究人员,并促进与企业和政府之间的合作,研究方向涵盖各种能源主题(太阳能、智能电网、节能与效率、政策与经济、电力传输与存储、氢燃料电池等),以加速应对全球能源系统面临的诸多挑战方面。MITEI通过跨学科教育吸引了数千名本科生、研究生和博士后参与进来,将当前的研究发展趋势和研究成果纳入教学中,并通过丰富的实践机会和其他计划促进学生的应用学习体验。这些计划和经验为下一代创新者、企业家和政策制定者做好准备,以合作解决全球能源挑战。

五、可持续能源领军人才的示范基地——斯坦福大学

长期以来,斯坦福大学一直是能源、地球资源和环境可持续性方面前沿研究和创新教学的领导者。在开拓企业家精神和对公共服务奉献精神的推动下,斯坦福大学致力于寻求创造更宜居星球的解决方案,并教育几代科学和政策领导人应对这一挑战。在向清洁能源转型的过程中,斯坦福大学采取了许多措施,并在校园内实施一系列目标与计划,发布能源和气候行动计划、实施斯坦福能源系统创新(SESI)项目、发行带有气候和可持续发展双重标识债券、实现100%可再生电力目标等,致力于为世界上最大的能源挑战寻找切实可行的解决方案,为21世纪及未来创造一个可持续的能源系统。

1. 人才培养目标

斯坦福大学建立地球、能源与环境科学学院,以了解地球如何运作,并帮助解决人类面临的资源和环境挑战。该学院下设地球物理学系、地质科学系、能源工程系和地球系统科学系四个部门以及地球系统计划、艾美特环境资源跨科学计划、变革领导力的可持续发展计划三个跨学科项目。能源工程系设立(Energy Resource Engineering, ERE)的主要目标是致力于培养地球能源科学与工程领域的未来领导者,使其了解地球的地下资源并开发管理这些资源所必需的工程科学技能和专业知识,以创造可持续能源的未来,影响和适应不断变化的能源格局。研究主题包含可再生能源、全球气候变化、碳捕获和封存、能源储存和能源系统等。

2. 课程体系设置

ERE下设两个专业,分别是能源工程专业和石油工程专业,本书重点分析能源工程专业的课程设置。以能源工程理学硕士课程为例(详见表6),能源工程理学硕士专业课程至少修满45学分,其中包括:核心课程(至少12学分)、数学和分析基础(至少12学分)、选修课(至少15学分,有限制,学生可以

从学科领域中选择3门选修课)、附加研究课程(6学分)。课程设置的目的是让学生通过完成独立研究以及主要领域和相关科学的基础课程,将其培养成为能源行业、学术界和研究机构的技术领导者。

表6 斯坦福大学能源工程理学硕士专业课程

(一)核心课程(12学分)		学分
AA100	碳捕获和封存	3~4
AA100	能量存储和转换:太阳能电池、燃料电池、电池和超级电容器	3
AA100	能量过程的基础	3
AA100	流体力学和传热基础	3
(二)数学和分析基础(12学分)		学分
AA100	应用于工程计算的线性代数	3
选择以下之一(3学分):		
AA100	工程中的偏微分方程	3
AA100	工程数值方法导论	3
AA100	油藏工程应用数学	3
选择以下两个(6学分):		
AA100	地球科学的数据科学	3
AA100	以数据为中心的模拟中的不确定性量化	3
AA100	油藏工程应用数学	3
AA100	能源系统优化	3~4
AA100	工程中的偏微分方程	3
AA100	工程数值方法导论	3
(三)选修课(选择以下三个方向,获得15学分)		
地热(选择以下三项):地下水流模拟/地热储层工程/传播热量学/能源系统 低碳能源(选择以下三项):90亿人的可持续能源/地下水流模拟/平衡热力学/地热储层工程/能源系统优化/能源系统 建模自然资源(选择以下三项):地球科学的数据科学/地震储层表征/岩石物理学 石油和气体(选择以下三项):90亿人的可持续能源/试井分析/多相流基础/高级油藏工程/地下水流模拟/地球科学的数据科学/平衡热力学		
(四)附加研究课程(6学分)		学分
AA100	能源资源工程硕士研究	1~6

斯坦福大学能源工程课程结构灵活,允许学生探索个人特别感兴趣的能源主题并展开研究和学习。课程体系不仅强调自然科学、工程和应用科学以及数学学科基础知识的培养、将基础课程中开发的技能应用于现实世界的工程问题,还注重运用书面、视觉和口头表达技巧来交流工程与科学知识,综合提高研究、分析能力解决原始和当代能源问题,进一步提升作为团队的一分子独立思考的能力。

3. 师资与教学资源

斯坦福大学拥有 200 多名具有能源专业知识的教职员工,还拥有十多个专注于能源领域的研究中心和实验室。得益于强大优秀的师资力量,斯坦福大学能源工程专业始终在美国能源领域位居前列。

ERE 通过与 Precourt 能源研究所、伍兹环境研究所和天然气倡议等多个部门的研究人员进行跨学科项目合作,并鼓励学生积极参与研究,主要专注于优化石油储层的石油采收率、碳捕获和封存、高效地热工程、清洁高效的能源转换以及可再生能源。ERE 会在每年 7—8 月举办一系列暑期实践课程以及高级项目和能源资源研讨会议,组织大四本科学生针对当前感兴趣的能源资源相关问题提出技术解决方案,极大地激发学生创新思维与独立思考的能力。

为了更好地迎接未来复杂的气候和环境挑战,斯坦福大学即将成立 Doerr 可持续发展学院,侧重于研究气候变化与可持续发展。该学院将加强与地球能源与环境科学学院、Precourt 能源研究所、土木与环境工程系、霍普金斯海洋站等机构的合作,推进师资培养和跨学科学术交流,通过学术和技术创新助力解决能源、气候和可持续性挑战。

4. 校企合作项目

成立于 2009 年的斯坦福大学 Precourt 能源研究所,集中了该校在能源研究和教育方面的优秀人才,每年资助资金约 2000 万美元,用于从科学技术到政策和经济的能源相关研究,还支持校园内的能源教育,致力于培养具有能源素养的领导者。

Precourt 能源研究所积极与全球范围内的工业界、其他研究机构、政府和民间组织建立合作,为寻求可持续的、负担得起的、安全的能源而努力。研究所每周举办的能源研讨会免费向公众开放,传播斯坦福能源研究的成果,演讲者来自行业领先的研究机构、能源公司、政府和其他组织。研究所每年举办的斯坦福全球能源论坛汇集 500 多位全球能源领袖,共同探讨全球快速变化的能源系统,为斯坦福大学的学者和从事解决能源问题的商界、政府和其他机构的人员之间的互动创造了条件。

全球气候与能源项目(GCEP)是斯坦福大学与工业界之间合作建立的一项研究资助计划,旨在开发新一代低排放能源技术,支持对满足日益增长的能源需求同时减少温室气体排放的研究。GCEP 由埃克森美孚、斯伦贝谢和美国银行赞助,得到了通用电气、丰田和杜邦等行业领先公司的支持。自 2002 年以来,GCEP 与斯坦福大学、行业合作伙伴以及世界各大学合作,共同推动能源方面的创新研究,已向斯坦福大学和其他 10 个国家 26 个科研机构的 900 多名研究人员资助了 80 个研究项目。

5. 小结

在应对紧迫的气候和可持续性挑战面前,斯坦福大学担当培养能源人才的重任和使命,加大在可持续能源研究的教学和科研力度,联合全校师生的努力共同为世界上最大的能源挑战寻找切实可行的解决方案,致力于成为可持续发展研究、教学和行动的领导者。除了在可持续能源领域的教学、科研和公共服务,斯坦福大学还将可持续发展实践精神融入校园生活的方方面面,以身作则地在校园内进行可持续性的实践与改革,在这过程中不仅创造了大量卓越的科研成果,也培养了下一代能源思想领袖,为他们创造可持续能源的未来做好准备。

六、能源系统工程师的培养——多伦多大学

能源系统是整个社会运作的核心。现如今我们的经济和生活方式需要建立在获得负担得起的可靠能源的基础上运行,无论是交通、供暖、制造还是照明,能源系统都是关键的基础设施。在当今气候变化、温室气体减排、能源安全与公平成为日益紧迫的问题大背景下,多伦多大学致力于培养优秀专业的能源系统工程师,以帮助解决当今人类面临的一些最紧迫的能源问题,通过新技术不断提高效率并改善能源管理,助力创造更清洁更低碳的未来能源系统。

在多伦多大学应用科学与工程学院提供的本科项目中最具特色的项目-工程科学(Engineering Science,EngSci)的能源系统工程专业,学生学习解决能

源生产、储存、传输和分配方面的紧迫技术问题,同时了解环境、公共政策和经济影响。研究主题包括清洁能源、可持续性、热力学、控制系统和电力驱动。

1. 人才培养目标

能源系统工程专业(Energy Systems Engineering)的主要培养目标是通过多学科课程的基础技术培训为能源部门及其他领域培养专家,为下一代能源系统工程师提供了能源技术的坚实基础,强调创新课程、实用方法和技术选修课的深度结合,为学生提供独特、强大的和跨学科的选择。

2. 课程体系设置

EngSci课程灵活且丰富,学生通过广泛的课程和独特的学生活动探索广泛的工程主题、职业道路和学习选择。进入大三学年,学生以兴趣为导向从八大工程专业中选择一种,能源系统工程专业仅对工程科学项目的学生开放,学生可以在本科第3学年和第4学年选择学习该专业,涵盖了机械和热能转换过程、燃料电池和电化学转换装置、水力和风力发电厂的设计和优化、替代能源系统、现代电力系统、可再生发电、能源储存的能源转换技术等课程。学生学会评估不同传统和替代技术之间的权衡,在社会背景下探索技术方面,检查与保护和可持续发展的联系,并获得与许多能源主题相关的基础技术。

另外,多伦多大学还设置了可持续能源学位辅修课程(Minor),课程涵盖能源使用、生产、分配、传输、储存和开发的所有领域(详见表7)。这包括交通、空间冷却和供暖需求的能源使用和生产;电力生产、能源分配和储存;并延伸到节能、价格、温室气体生产和控制以及公共政策的各个方面。

3. 师资与教学资源

由于能源系统专业涉及领域较广,课程由来自机械与工业工程系、电气与计算机工程系、化学工程与应用化学系以及多伦多大学可持续能源研究所的知名教师讲授,为该专业学生提供能源领域所需的广度、深度课程和跨学科知识。

加拿大国家研究委员会(NRC)建立先进材料研究设施,支持和开展清洁能源与其他应用新材料的基础研究,并将其转化为工业用途。该设施将把公司、政府和包括多伦多大学在内的知名高校聚集在一起,在清洁技术和先进材料方面的突破性项目上进行合作,为多伦多大学能源系统专业的学生从事清洁能源研究提供了平台。

表7　多伦多大学可持续能源学位辅修课程

1. 必修课程:CIV 300H1F/S:陆地能源系统
2. 可选课程(任选一种):APS 305H1S:能源政策或 ENV 350H1F:能源政策与环(CS)
3. 从以下课程中选择四门选修课(至少两门为高级课程):

入门课程	高级课程
CME 259H1S / APS 301H1F:社会技术与生物圈 I (HSS)	AER 507H1F:聚变能简介
CHE 260H1F:热力学与传热	APS 510H1F:全球能源系统(CS)中的创新技术和组织
车 323H1F:工程热力学	APS 530H1S:适用于全球发展的技术与设计
CHE 460H1S:环境途径和影响评估	CHE 451H1:石油加工
车 467H1F:环境工程	CHE 469H1:燃料电池和电化学转换装置
CIV 440H1S:环境影响与风险评估	CHE 566H1F:核工程要素
CIV 375H1F:建筑科学	CHE 568H1S:核工程
ECE 313H1F:能源系统和分布式能源	CIV 531H1F:运输:规划
ECE 314H1F:电能系统基础	CIV 576H1S:可持续建筑
ECE 349H1F:能源系统简介	CIV 577H1S:可持续城市基础设施
FOR 310H1S:来自可持续森林管理的生物能源	ECE 463H1S:电力驱动
	ECE 520H:电力电子
GGR 347H1F:有效利用能源	ECE 526H1S:电力系统保护与自动化
GGR 348H1S:无碳能源	FOR 425H1S:生物能源和生物精炼技术
MIE 311H1F:热能转换	MIE 407H1F:核反应堆理论与设计
MIE 313H1S:传热和传质	MIE 408H1S:核动力反应堆的热力和机械设计
MSE 355H1S:材料加工与可持续发展	MIE 507H1S:供暖、通风和空调(HVAC)基础知识
	MIE 515H1F:替代能源系统
	MIE 516H1F:燃烧与燃料
	MIE 517H1S:燃料电池系统
	MSE 458H1S:替代能源系统中的纳米技术

多伦多大学鼓励学生,特别是本科生积极参与项目研究,与来自不同学术背景的本科生和研究生一起合作,从不同的角度看待气候和能源挑战。EngSci 学生可以选择在大三或者大四加入多伦多大学的"专业实践年"(Professional Experience Year)带薪实习项目,在行业合作公司 Hatch、IESO、安大略电力局等

单位实习,获得为期 12~16 个月的毕业前工作经验,主要目的是提升学生找实习的能力以及将来的就业竞争力。

4. 校企合作项目

多伦多大学和加拿大国家研究委员会(NRC)共同建立 NRC-多伦多大学绿色能源材料合作中心,建立了牢固的长期关系。该中心主要在下一代光伏、可再生碳基原料、可再生燃料和燃料电池、下一代消费级能源等方向开展合作,共同推进关键平台技术,以加速清洁材料和生产工艺的开发。

多伦多大学公布"正气候能源倡议",旨在通过利用广泛的专业知识来开发清洁能源解决方案,助力加拿大政府实现温室气体净零排放。该倡议由来自多伦多大学多个院系的 100 多名教职员工组成,将与非营利组织、政府和行业合作伙伴合作,以应对气候变化。目前正在与正气候校园和总统环境、气候变化和可持续发展咨询委员会合作,利用多伦多大学的研究专业知识来减少建筑物的能源使用,实现可再生能源发电,并减少操作、加热和冷却的二氧化碳影响。多伦多大学会以奖学金和参与研究项目机会的形式给予学生更多的资助和支持,学生通过正气候能源倡议进行更密切的合作将使他们有机会在他们的职业生涯中建立有意义的联系。

5. 小结

多伦多大学致力于通过多学科协作和体验式教育来解决世界上一些最紧迫的挑战,通过开展可持续发展和突破性能源技术的前沿研究,培养一批又一批的能源系统工程师,帮助企业更好地利用资源并获得新技术,以实现更清洁、更环保和更可持续的未来。能源系统工程专业满足了加拿大安大略省和世界各地对该领域更多能源系统专家的需求。它为毕业生在技术开发、能源公司和政策机构,从事专业的技术研究、系统工程与能源政策相关的职业生涯做好准备。

七、未来能源系统工匠的培养——阿尔伯塔大学

阿尔伯塔大学依托加拿大阿尔伯塔省丰富的石油、天然气资源,在能源研究领域具有很强的优势。根据 QS 世界大学学科排名,阿尔伯塔大学在石油工程(第 8 名)、地球物理学(第 46 名)和地质学(第 50 名)三个新能源相关类别

中进入前50名,跻身世界顶级能源研究型大学之列,成为世界上最好的能源研究型大学之一。多年来,阿尔伯塔大学一直为加拿大和国际能源部门输送创新的技术、政策和世界级的研究人才,为加拿大的经济发展做出了巨大贡献,毕业生的能力和专业知识也受到了省、国家和国际公司、政府和大学研究组织的认可与青睐。

阿尔伯塔大学与阿尔伯塔省的工程部门合作开发了 CFREF 研究资助项目,获得了7500万美元的资金,创建了未来能源系统(Future Energy Systems)。

1. 人才培养目标

阿尔伯塔大学研究团队致力于培训新一代研究人员以解决未来的能源问题,包括可再生能源(风能、太阳能、生物质能、地热能)和不可再生的传统能源(碳氢化合物)。目前共有7000多名学生就读于能源和环境课程,研究和开发新能源技术如何影响我们的社会、经济、环境和基础设施,为当前能源系统所带来的挑战提出解决方案,助力向低碳经济过渡并塑造未来能源系统。阿尔伯塔大学依托能源研究和教学优势,让毕业生拥有政府、企业和科研单位所需要的技能、知识和才能,可以应对全球社区的能源挑战。

2. 课程体系设置

阿尔伯塔大学作为能源类高校,倡导所有师生都参与到能源领域研究中。工程学院电气与计算机工程系开设的能源系统项目涉及电能的产生、传输、分配和利用过程中的每一个步骤,研究主题包括智能电网、可再生能源(光伏、风能和沼气系统)、电动和混合动力电动汽车等。阿尔伯塔大学课程设置着眼于学生的终身发展,注重跨学科的整合,综合化程度高。

攻读阿尔伯塔大学工程学院工程硕士的学生要求在2年内除了要完成至少8门基础课程和1门定向研究的顶峰项目,共计27学分,还需要接受学术诚信培训和基础道德教育,除此之外,阿尔伯塔大学会为每位研究生制定个人发展计划和专业发展规划,为他们的终身学习和可持续发展奠定基础。

3. 师资与教学资源

阿尔伯塔大学拥有庞大的未来能源系统研究团队,汇集了21个院系的150多名研究人员,近千名研究生和博士后,将跨学科视角应用于能源系统的研究,目前已开展 110 余项目。得益于学校现有的基础设施,阿尔伯塔大学未来能源系统将加拿大第一笔卓越研究基金(CFREF)拨款总额的 67% 用于支付学生的培养经费,目标是在 2023 年让 1000 多名学生参与未来能源系统研究。

另外,阿尔伯塔大学还拥有 9 个主要能源研究中心,工业和政府投资超过 1.7 亿美元。在期刊出版物中,阿尔伯塔大学在全球能源研究领域处于领先地位,其中油砂领域排名第一,许多研究发现与创新技术被加拿大和世界各地的能源和资源行业采纳与实施。

4. 校企合作项目

阿尔伯塔大学与强大的新兴行业合作伙伴、政府组织和来自国内外大学的学术专家进行交流,建立以能源为重点的合作。其间参与了由阿尔伯塔省政府和加拿大政府计划资助的能源项目,资助金额高达超过 8000 万美元,使研究人员能够更好地在人类健康工程、全方位能源研究以及探索碳中和世界的基础设施这几个关键领域开展创新性研究,也为毕业学生提供了众多的创新性实践与学习机会。

阿尔伯塔大学与清华大学、北京大学、中国石油大学等国内高校和科研机构签署了学术合作备忘录,积极开展各种学术交流活动。2018 年加入由中国石油大学(北京)倡议发起的世界能源领域高校合作组织,成为世界能源大学联盟成员之一,致力于发挥阿尔伯塔大学在能源领域的学术优势,促进与其他一流高校教师和学生的合作,培养高水平、国际化的复合型人才,促进国际能源领域的科研创新以及能源行业发展。2017 年,与清华大学联合成立清华-阿尔伯塔未来能源与环境联合研究中心,致力于为全球和中国、加拿大等区域提供可持续能源和环境解决方案,将在能源,环境和气候变化以及可再生能源、先进的电力系统、储能等方面展开合作。双方通过合作开展高水平的科研活动培养一批能源与环境相关学科领域的学生,引领支撑国家和地区重大战略需求。

5. 小结

阿尔伯塔大学师资力量雄厚强大,是加拿大最大的能源系统研究和教学网络的所在地,基于阿尔伯塔大学在能源和环境研究与教学方面的百年历史,汇集了学校卓越、成熟和跨学科的优势,创建了未来能源系统,通过向低碳世界的转变来领导当地和全球社区。作为能源类高校,阿尔伯塔大学聚焦于能源挑战,致力于培养一批又一批的未来能源系统工匠人才,激发他们对能源系统的新思维方式,为应对当地和全球能源挑战的技术转型与发展提供智力支持、科技支撑和文化理解。同时引领国际、合作和伙伴关系,共同推动构建全球能源高等教育共同体,融入和服务国家能源战略需求。

八、再生能源工程师的摇篮——新南威尔士大学

新南威尔士大学[①](University of New South Wales,UNSW),是澳大利亚的一所公立研究型大学。其中,新南威尔士大学工程学院是澳大利亚最大的工程学院,由8个学系组成:生物医学工程研究所、化学工程学系、土木和环境工程学系、计算机科学与工程学系、电气工程与电信学系、机械和制造工程学系、矿产和能源工程学系、光伏和可再生能源工程学系。其中,光伏和可再生能源工程学系在澳大利亚享有盛誉。该学院因其在太阳能(光伏)和可再生能源方面的创纪录研究而获得国际认可。1983年新南威尔士大学的实验室首次发明PERC太阳能电池,到现在正在为全球85%以上的新太阳能电池板模块供电。

(一)课程体系

学院建立了理论实践相结合的跨学科式课程体系。其中,光伏和太阳能专业共提供132学分的课程(详见表8)和60天的工程训练。

1)专业课程

光伏和太阳能专业共提供132学分的课程。在第1学期和第2学期,课程由教学课程、研讨会和小组设计项目组成,并由该领域的顶尖专家授课指导。在第2学期和第3学期,学生可选择研究论文指导课程,这为学生提供了一个很好的机会,让他们将所学的技能应用到光伏和太阳能的实际问题上。此外,学生挑选选修课自主性大,如有想学院未提供的选修课课程,可以与学校的本科协调员商讨,在满足条件和符合学分要求的情况下,可从其他学校提供的选修课中选择课程。

---

① https://www.unsw.edu.au/engineering.

表 8　光伏和太阳能专业课程

	课程	授课教师	学分
第一学期	SOLA2060 电子设备简介	Stephen Bremner	6
	SOLA2540 应用光伏	Santosh Shrestha	6
	SOLA3507 太阳能电池	Fiacre Rougieux	6
	SOLA5050 可再生能源政策(选修课)	Anna Bruce	6
	SOLA5053 风能转换器(选修课)	Merlinde Kay	6
	SOLA5057 能源效率(选修课)	Gavin Conibeer	6

	课程	授课教师	学分
第二学期	SOLA2051 光伏和可再生能源项目	Ivan Perez Wurfl	6
	SOLA3010 低能耗建筑和光伏	Alistair Sproul	6
	SOLA3020 光伏技术和制造	Bram Hoex	6
	SOLA4012 光伏(PV)系统设计	Baran Yildiz	6
	SOLA4951 研究论文 A	Merlinde Kay	4
	SOLA4952 研究论文 B	Merlinde Kay	4
	SOLA4953 研究论文 C	Merlinde Kay	4

	课程	授课教师	学分
第三学期	SOLA1070 可持续能源	Murad Tayebjee	6
	SOLA2540 应用光伏	Fiacre Rougieux	6
	SOLA4951 研究论文 A	Merlinde Kay	4
	SOLA4952 研究论文 B	Merlinde Kay	4
	SOLA4953 研究论文 C	Merlinde Kay	4
	SOLA5051 生命周期评估(选修课)	Jose Bilbao	6
	SOLA5052 生物能源和可再生能源(选修课)	Rob Patterson	6
	SOLA5056 发展中国家的可持续能源(选修课)	Anna Bruce	6

其他选修课:能源效率(SOLA5057)、光伏材料加工基础知识(SOLA5509)、半导体光伏和光子器件(SOLA5055)。

2) 工程培训

新南威尔士大学将工程训练并入课程模块中,要求学生必须完成为期 60 天的工程训练。工程训练时间从本科生全日制学习的第二年年末开始,研究生从一年级的第 3 学期开始。工业培训的形式并非都必须一次性进行,可以全职、兼职或临时完成。并且学生最多可计入 3 个职位安排,1 个传统职位安排至少为 30 天。新南威尔士大学认为,许多雇主将行业工作经验作为新毕业生的先决条件,雇主可以利用学生工程训练的经历来评估新员工未来的就业情况。在工程培训中,学生将获得较多的好处。如可以作为一名工程专业人士获得第一手经验;能将学生所学的技术知识和工程方法应用于现实;可以与其他工程专业人士合作;能产生在专业组织中的工作体验;可以见证企业和公司的运作和组织;提高学生口头和书面技术、人际关系和沟通技能;可以观察工程师与其他专业群体的互动;可以获得未来的就业机会等。

学生可通过多种渠道寻找工业培训职位。如新南威尔士大学提供工程研究生课程的公司列表,学生也可通过参加工业培训研讨会、新南威尔士大学职业博览会、新南威尔士大学学生会举办的行业参与活动等方式寻找。

工程培训内容类型较为丰富,且学生参与工业培训的全过程都由合格的工程师监督,训练内容与学生的学习计划相关。训练类型大致包括以下几种:一是在办公室工作或动手开展与工程相关的任务的现场工作类型活动。二是工程咨询工作,为专业工程需求提供独立服务、专业知识和技术咨询等。三是参加 ChallENG 计划,通过加入学生项目,参与从健康到交通再到机器人和飞行的项目。四是参加新南威尔士州授权课程,提供完成工业培训要求的选项,而不是课程学分。五是参与人道主义工程项目。

(二) 实践

新南威尔士光伏与可再生能源学院重视并鼓励学生和教师参加实践项目。其中,特别是鼓励参加 ChallENG 计划。该计划由以下四大支柱组成:垂直整合项目(Vertically Integrated Projects)、辅助技术中心(Assistive Technology Hub)、人道主义工程(Humanitarian Engineering)、学生项目(Student Projects)。ChallENG 计划中的垂直整合项目(Vertically Integrated Projects)与新能源领域最为相关。垂直整合项目是由 VIP 联盟倡导并完善,旨在支持和促进全球学院和大学垂直集成项目(VIP)的成功。垂直整合项目共计在全球 40 余所大学开展,每学期有 4500 多名学生参加。在垂直集成项目中,本科生团队可与教师及其研究生合作,开展共同关心的长期项目。

新南威尔士大学的垂直整合项目包括生物-H_2 项目、用科学灭火、迷你太阳能、太空电力系统、Sun 到 H_2O、Sunswift 赛车多个与新能源领域相关的子项目。

1) Sunswift 赛车项目

该项目是由机械、电气、计算机科学、光伏、系统工程多个专业联合开展的项目，也是新南威尔士州的太阳能电力赛车队、澳大利亚的顶级车队。其中，光伏团队负责为所有机载电子设备供电。该环节包括严格设计光伏电池到设计出提高能源质量的最大功率点跟踪器。此外，该环节还包括设计出监测环境条件的温度和辐照度传感器，从而使团队能够建立性能的诊断基准。光伏团队依靠各种 CAD 程序来设计无缝配件，并与 Sunswift 的其他部门一起预先规划组件的贴合度。

该团队受到多个领域专家的指导，建立了"双师型"师资队伍。Sunswift 赛车项目共 5 位教授指导（详见表 9），其中包括 1 位实践教授。

表 9 Sunswift 赛车项目指导教师构成

指导教师	研究领域
理查德·霍普金斯实践教授	新南威尔士大学工程
罗伯特·泰勒教授	机械和制造工程学院
亚伦·奎格利教授（校长）	计算机科学与工程学院
约翰·弗莱彻教授	电气工程和电信能源系统研究小组
伊万·佩雷斯-沃尔弗尔博士	光伏和可再生能源工程

自成立以来，该团队积极将创新研究与实践技能相结合，不断创建清洁能源运输解决方案。Sunswift 已经生产了 7 辆太阳能电动汽车。最近，该团队乘坐的太阳能汽车创下了吉尼斯世界能耗最低纪录。

2) 迷你太阳能项目

迷你太阳能项目包括 4 个子团队，团队构成、研究内容、指导教师情况如表 10 所示：

表 10 迷你太阳能团队构成

子团队名称	项目内容	指导教师
pv 设备团队	该团队将设计和制造用于迷你太阳能设备的小型硅太阳能电池。2022 年，团队将研究两种新方法，这些方法可以实现不同毫米至厘米尺寸的迷你太阳能设备	艾莉森·列侬教授；佩雷斯·沃尔夫尔夫博士

续表

子团队名称	项目内容	指导教师
pcb 团队	该团队将设计和构建 PCB 原型,包括光伏设备、迷你电池和低功耗无线(LPW)。2022 年,该团队将以 2021 年开发的核心 LPW 技术为基础	佩雷斯·沃尔夫尔夫博士
迷你电池团队	该团队将研究制造薄膜固态迷你电池的新方法,以纳入迷你太阳能设备	Neeraj Sharma 教授
皮下团队	该团队将调查皮下太阳能电池的光学、封装和植入要求,并进行初步实验,以确定皮肤下生化传感(例如,葡萄糖用于全天候糖尿病血糖监测)的可行性	蔡大卫博士

可见,迷你太阳能团队正在积极探索太阳能领域创新技术,并且拥有较为优秀的师资队伍,取得了优异的成果。该团队"迷你太阳能—火灾探测队"获得了 2021 年 VIP 联盟创新大赛第一名。"迷你太阳能—火灾探测队"项目所开发的设备包括将阳光转化为能源的专用微型太阳能电池板、集成微型电池以及创建全天候监控和通信网络的通信技术。该设备的发明可在丛林大火爆发时向周围社区和当局提供快速、准确的信息,以应对澳大利亚毁灭性的丛林大火季节。

3) 生物-H_2 项目

该项目是由化学工程、可再生能源工程、化学、材料科学、材料工程等多个专业联合开展的项目。项目内容为制定出从食物废物中可持续地获取氢气的策略,包括对电解器提供燃料的各种废物流的化学分析和易受电化学氧化的特定分子设计、合成和表征催化剂。并将与潜在合作伙伴合作,以确定他们的需求、年度废物产量和氢的最终使用。该项目的创新将开拓提取氢气的渠道,以高效地从可再生食品废物流中获取氢气,改变目前大多数氢气来自化石燃料的情况。生物-H_2 项目指导教师构成见表 11。

表 11　生物-H_2 项目指导教师构成

指导教师	研究领域
尼古拉斯·贝德福德教授	化学工程学院
Pierre Le Clech 副教授	化学工程学院

（三）师资队伍

新南威尔士光伏与可再生能源学院拥有国际化的一流师资队伍,共有12位教师,且教师均为博士学历,教师学科背景扎实,科班出身。教师多为新南威尔士光伏与可再生能源学院博士毕业。一些教师本科来自中国高校,如哈尔滨工业大学电气工程学院。

教师们受到的资助项目较多,许多研究小组都得到了澳大利亚研究委员会和澳大利亚可再生能源机构(ARENA)的资助。如Nicholas Ekins-Daukes副教授因"III-V光伏太阳能系统的高级金属化"获得了460485美元。该项目旨在提高集中器光伏太阳能系统的整体电气效率,这些系统提供大规模廉价、清洁的电力。该项目预计将开发出一种新的浓缩器太阳能电池金属化和绝缘技术。

（四）就业机会

新南威尔士光伏与可再生能源学院毕业生就业前景良好。一方面,可再生能源工程师的潜在雇主较多且实力雄厚,包括AGL和Infigen等能源公用事业公司、澳大利亚电气市场组织(AEMO)、AECOM等工程公司以及Pacific Hydro和Tesla等可再生能源公司。

另一方面,该领域就业率稳定增长,职业选择多,并且工资丰厚。学生在毕业后可选择项目管理、能源咨询、太阳能和电池设计、制造业、质量控制和可靠性分析、设备和系统的计算机辅助设计、政府政策制定、针对发展中国家的计划、能源公用事业等多个工作。

九、培养跨学科解决问题的人才——东京工业大学

东京工业大学[①]是以工程技术与自然科学研究为主的日本顶尖、世界一流的理工科大学,历史超过130年。东京工业大学共六个学院:科学学院、工程学院、材料与化学技术学院、计算学院、生命科学与技术学院以及环境与社会学院。东京工业大学着眼于培养道德高尚的学生,在要求学生具备科学专业知识与文科专业知识的同时,还要求学生具有一定的研究能力与实践能力。

---

① https://www.titech.ac.jp/english/about/organization/schools/organization06.

东京工业大学新能源人才培养模式具有以下三大特点：

特点1：注重软技能与硬技能兼备。东京工业大学的跨学科科学与工程系包括跨学科科学与工程1个本科专业和4个研究生专业：全球工程促进发展、环境和社会，能源科学与工程，工程科学与设计以及核工程。东京工业大学的跨学科科学与工程系教师认为，培养具有国际价值的广泛视角和深厚知识的学生的必要性已不言而喻。为此，在跨学科科学与工程本科学生的教学过程中，会有不同教育背景的教师提供PBL和进行英语相关的教育。使得这些学生一是具有广泛应用的基本能力，如逻辑和数学思维以及分析技能、对物理和自然现象的理解、通用测量和计算技术。二是具备不受现有学术领域阻碍的应用能力，如使用合适的方法解决特定问题的能力、理解系统并进行操作的能力。三是作为一名全球工程师所需的个人和社会技能，如沟通技巧、社会责任感和道德感、自主性，以及执行项目的能力。

特点2：注重跨学科教育和研究。东京工业大学的跨学科科学与工程系教师认为，气候变化、自然资源和能源枯竭、促进可再生能源和创建可持续城市等全球问题涉及许多学术领域，如果学生仅掌握某一学术领域的知识和技能是无法完全解决这些全球问题的。为此，东京工业大学的跨学科科学与工程系建立了一个多样化的社区，该社区拥有一支拥有不同专业知识的大量教师，这些教师热衷于用超越学科界限的相互关联的知识解决社会问题。并且积极推动教师们与学生们联合建立实验室，共同解决国际社会中的共同的复杂问题。如高须研究室是2022年4月成立的新晋研究室，本科三年级的学生或研究生一年级的学生可以进入研究室进行学习与研究。该研究室以实现碳中和为目标，正在进行与广泛能源相关的化学材料的研究开发。现在的研究主题包括：以二氧化碳资源化为目的的高温二氧化碳直接电解电池的研究开发；以回收二氧化碳为目的的二氧化碳吸收材料的研究开发；以大规模制造下一代能源候选人氢气为目的的金属氢透膜的研究开发和利用高度化研究；以氨作为无碳燃料使用为前提的固体氨吸收材料的研究开发；为了大规模储能和废热利用的热电池（化学蓄热）材料的研究开发等。在研究的过程中，高须研究室还与一些企业、大学、研究机构共同合作研究开发。

特点3：注重解决复杂问题培养。跨学科科学和工程系提供的课程旨在培养能够跨学科解决问题的人才，并且学生可以根据自身兴趣与目标自由地调整学习科目。学生的第一年为基础科学课程,课程的核心是数学课程的必修基础、工程课程的基础和共同创造课程的基础。除此以外,学生还可以通过国际发展课程、资源和能源工程课程、环境政策和社会系统课程、全球和区域环境课程、工程科学和设计课程以及核工程课程的选修课来学习各种领域知识。学习完基础课程后,学生需要独立进行项目研究(相当于本科论文)。该项目旨在巩固学生所学知识,加强其所学技能。此外,他们可以选择注册高级独立研究项目,培养学生独立地进行科学和技术项目研究的兴趣。总之,跨学科科学和工程系将学生专业教育建立在基础课程之上,培养具备跨学科解决复杂问题的人才,为学生成为未来的研究人员和工程师奠定了坚实的基础。

十、培养通用型能源工程人才——汉阳大学

韩国教育部支持汉阳大学启动世界一流大学(WCU)项目时,韩国人对本科和研究生院在减少碳排放和应对全球气候变暖的未来能源技术方面,韩国对本科和研究的教育有很大的需求。汉阳大学的"能源工程系"[①]不同于其他基于化石燃料的传统专业。该系的目标是把年轻学生培养成为可再生能源、可持续能源、能源转换和储存以及减少全球变暖的能源材料领域的领先科学家。

能源工程是应用融合科学的一个重要的新领域,它系统地结合了工程各个领域的基础科学知识。该项目将利用和发展跨学科的理论和技术,融合植根于物理、化学、材料科学和化学工程的纳米技术和环境技术,以及新能源生产、储存和应用系统。为此,汉阳大学的"能源工程系"在培养学生的过程中重视学生基础工程知识、技术的学习,这在课程体系中可以明显体现。

课程的前两年与传统工程学科相似,第一年先进行人文课程和基础课程的学习。第二年再进行基础科学与工程的学习。第三、第四年的课程加入了一系列介绍能源工程概念的课程,以及介绍基本的能源工程原理包括材料和能源平衡、热力学、流体力学、传热和传质,以及应用于能源工业的物理和化学处理等。除此之外,学生还有机会选择技术选修课,这些选修课具有一定的深度与广度,领域包括可再生能源或非可再生能源的物理或化学方面。专业选修课允许学生接触与能源相关的商业、法律和道德问题。学生还将有机会进

---

① http://energy.hanyang.ac.kr/en_main/.

行独立研究,并与其他工程学科的学生一起参与顶点设计团队项目。具体的课程安排如表 12 所示:

表 12 能源工程系课程

学期	分类	课程名称	完成单元	单位/小时/实验室
1—1	必修	工程师的创意计算	100	3/2/2
	必修	微积分 1	100	3/3/0
	必修	行为和真理中的爱 1	100	2/2/0
	必修	一般物理与实验 1	100	4/3/2
	必修	一般化学与实验 1	100	4/3/2
	必修	职业发展:求职和创业路线图	100	1/1/0
1—2	核心	工程设计简介	200	3/2/2
	必修	对科学和技术的哲学理解	100	3/3/0
	核心	韩语口语和写作	100	3/3/0
	拓展	微积分 2	200	3/3/0
	必修	一般物理与实验 2	200	3/2/2
	核心	一般化学与实验 2	200	3/2/2
2—1	必修	工业物理化学 1	200	3/3/0
	必修	工程数学 1	200	3/3/0
	核心	工业有机化学 1	200	3/3/0
	拓展	能源工程的基本原理和计算	200	3/3/0
	必修	数值分析	200	3/3/0
	核心	材料科学 1	200	3/3/0
	必修	专业学术英语	100	3/3/0
2—2	拓展	工业物理化学 2	200	3/3/0
	必修	工程数学 2	200	3/3/0
	核心	工业有机化学 2	200	3/3/0
	必修	行为和真理中的爱 2(智能沟通)	100	2/2/0
	拓展	能源科学与技术	300	3/3/0
	核心	材料科学 2	200	3/3/0
	核心	现代物理学	300	3/3/0

续表

学期	分类	课程名称	完成单元	单位/小时/实验室
3—1	拓展	聚合物化学	300	3/3/0
	拓展	仪器分析	300	3/3/0
	拓展	无机材料化学	300	3/3/0
	核心	反应工程	300	3/3/0
	拓展	实用工程研究倡议1	300	1/0/1
	核心	能源工程与实验室1	300	2/0/4
	拓展	能源纳米科学	400	3/3/0
	核心	能源工程热力学	300	3/3/0
	核心	材料工程中的运输现象1	300	3/3/0
3—2	拓展	聚合物特性	300	3/3/0
	拓展	电池的特殊主题	300	3/3/0
	必修	行为和真理中的爱3(创业)	100	2/2/0
	拓展	实用工程研究计划2	300	1/0/1
	核心	能源工程与实验室2	300	2/0/4
	拓展	材料物理和性质	300	3/3/0
	核心	电化学	300	3/3/0
	拓展	材料工程中的运输现象2	300	3/3/0
	必修	职业发展II(投资组合和商业模式创建)	100	1/1/0
	必修	技术工商管理(创业顶点设计)	100	3/3/0
4—1	拓展	能源工程PBL	400	3/2/2
	必修	行为和真理中的爱4	100	2/2/0
	拓展	实用工程研究倡议3	400	1/0/1
	核心	能源工程设计1	400	3/0/3
	拓展	能源技术政策	400	2/2/0
	拓展	能源转换和存储材料	400	3/3/0
4—2	拓展	能源工程PBL	400	3/2/2
	拓展	用于能源的纳米生物材料	400	3/3/0
	拓展	无机化学	400	3/3/0
	拓展	实用工程研究倡议4	400	1/0/1
	核心	能源工程设计2	400	3/0/3
	拓展	能源设备处理	400	3/3/0
	拓展	能源与环境科学与技术	400	3/3/0

第三章 我国新能源领域的战略发展动向、技术创新与人才培养

作为拥有世界第二大能源体系的大国,我国各种能源储量都位于世界的前列,但是我国的能源消耗量也居于世界的前列。因此,我国的能源形势依旧严峻,人均资源占比较少、资源消耗量大、能源供应不平衡、环境污染大以及能源结构不够稳定等问题的出现,导致我国迫切需要更加清洁、更加高效、更加能够可循环利用的能源。

一、我国新能源领域的战略发展动向分析

(一)我国新能源产业现状[①]

(1)太阳能。我国地大物博,拥有丰富的太阳能资源,当前我国太阳能产业规模位居全球首位。截至2021年9月底,光伏发电累计装机2.78亿千瓦。2021年1—9月,全国光伏新增装机2556万千瓦。从新增装机布局看,装机占比较高的区域为华北、华东和华中地区,分别占全国新增装机的44%、19%和17%。

(2)风能。我国风能资源非常丰富,资源总量在33.26亿千瓦左右。其中,大概有31.33%的风能资源可以被利用,很大一部分是海洋中的风能资源,大概在75%左右;其余部分风能资源在陆地上,占据可用资源的25%。据国家能源局消息,截至2021年11月中旬,我国风电并网装机容量达到30015万

---

① 数据来源于:国家能源局网站 http://www.nea.gov.cn/2021-11/08/c_1310298464.htm;中央人民政府网站 https://www.gov.cn/xinwen/2021-12/11/content_5659887.htm。

千瓦,突破3亿千瓦大关,较2016年年底实现翻番,是2020年年底欧盟风电总装机的1.4倍、美国的2.6倍,已连续12年稳居全球第一。

(3)生物质能。我国生物能源储存量丰厚,主要是田间的秸秆以及薪炭林等可以大量利用的生物能。2021年1—9月,生物质发电新增装机554.7万千瓦,累计装机达3536.1万千瓦,生物质发电量1206亿千瓦时。累计装机排名前五位的省份分别是山东、广东、浙江、江苏和安徽,年发电量排名前6位的省份分别是广东、山东、浙江、江苏、安徽和河南。

(4)核能。核能利用的主要方式是核裂变和核聚变。我国对核电研究及利用起步较晚,在20世纪80年代建立第一座核电站。中国核能行业协会2021年11月14日发布的数据显示,截至2020年12月底,我国在建核电机组17台,在建机组装机容量连续多年保持全球第一。我国已全面掌握先进核电装备制造核心技术。

(5)海洋能。海洋能指依附在海水中的可再生能源。我国海洋能开发具有较长的历史,在建国初期便兴建了潮汐电站。伴随多年的不断实践,海洋发电技术实现新的突破,针对小型潮汐发电站技术趋于成熟化及规范化,同时具备中型潮汐发电站技术要求。

(6)地热能。我国已经明确将地热能作为可再生能源发电、供暖的重要方式。2021年9月,国家能源局等八部门印发的《关于促进地热能开发利用的若干意见》指出,到2025年,全国地热能供暖(制冷)面积比2020年增加50%,到2035年,地热能供暖(制冷)面积及地热能发电装机容量力争比2025年翻一番。

(二)我国新能源发展趋势

根据我国自然资源禀赋和新能源产业发展现状,我国新能源发展趋势主要体现在如下方面:

(1)分布式能源。我国新能源发展将从大规模集中式发展路径转向分布式发展,形成以大规模集中式生产与分布式就地消纳相结合的格局。分布式能源具有利用效率高、环境负面影响小、提高能源供应可靠性和经济效益好等特点,已成为世界能源技术重要发展方向。分布式开发模式,既可实现电力就地消纳,避免弃风弃光,又能避免远距离电力传输,节省投资、减少输电损耗,同时还能满足东部发达地区经济能源需求与消纳重心的匹配不均衡问题。当前,在我国人口稠密、电力需求旺盛、用电价格较高的中东部地区,新能源分布式发电已具有较好的经济性,具备了较大规模应用的条件。未来十年,光伏、风电、生物质能、地热能等能源系统的分布式应用将成为我国应对气候变化、保障能源安全的重要内容。

(2)多能互补体系。在我国推进能源结构转型的过程中,单一能源品种的利用已受到多方掣肘,建设高效、灵活的综合能源体系将成为未来十年能源发展的重点。然而,不同能源系统间往往存在差异,且系统中各类能源的供能彼此间容易出现缺乏协调、能源利用率低等问题,急需具有调峰调频、辅助服务等优势的储能技术支撑。通过风光水火储多能有效结合、发挥各类电源优势、取长补短、紧密互动,不但能够为新能源提供调峰调压电源,提升新能源发电消纳能力,增加新能源应用比重,缓解"弃风、弃光、弃水"等问题,而且有利于降低火电等传统能源高污染、高耗能的程度,为优化能源结构、降低环境污染提供助力。因此,大力发展以储能为核心的多能互补体系,将成为我国能源经济持续稳定高质量发展的关键。

(3)光伏快速发展。未来十年,我国将不断完善光伏行业配套支持政策,继续完善可再生能源消纳权重考核制度和绿证交易制度,推动平价时代光伏定价政策出台,做好与电力市场的衔接。在保证项目基本收益的前提下,我国还将逐步有序推动新增光伏发电参与电力市场交易,推动新一代电力市场建设确保大规模光伏发电的接入和消纳,加强光伏发电和用地环保政策的结合以及推动出台建筑上安装光伏的强制性国家标准。在政策支持下,我国太阳能发电在过去快速发展的基础上,未来十年仍将实现持续的高速发展,光伏发电从规模上有望超过风电成为全国第三大电源。

(4)风电规模化发展。大力度推动风电规模化发展。坚持集中式与分散式并举、本地消纳与外送消纳并举、陆上与海上并举,积极推进"三北"地区陆上大型风电基地建设和规模化外送,加快推动近海规模化发展、深远海示范化发展,大力推动中东部和南方地区生态友好型分散式风电发展。推进风电技术进步和产业升级。降低风电成本,提高风电市场竞争力,推动构建适应风电大规模发展的产业体系和制造能力。加快建立健全适应风电规模化发展的电网体制、价格机制、市场机制,为风电跨越式发展、高质量发展创造良好条件。风电产业作为清洁能源的重要力量之一,必将迎来更大的发展空间。

(5)核电有序发展。积极有序安全发展核电已经成为全面准确完整落实碳达峰碳中和工作的关键一环,以及扩大有效投资、经济稳增长的必要手段。预计到2025年,我国核电在运装机规模将达到7000万千瓦左右,在建装机规模接近4000万千瓦。到2035年,我国核电在运和在建装机容量将达到2亿千瓦左右,发电量约占全国发电量的10%。

(6)提升能源产业链现代化水平。加快能源领域关键核心技术和装备攻关,推动绿色低碳技术重大突破,加快能源全产业链数字化智能化升级。加快能源产业数字化智能化升级。

(7)完善能源科技和产业创新体系。整合优化科技资源配置。以国家战略性需求为导向推进创新体系优化组合,加强能源技术创新平台建设,加快构建能源领域国家实验室,重组国家重点实验室,优化国家能源研发创新平台建设管理。推进科研院所、高等院校和企业科研力量优化配置和资源共享,深化军民科技协同创新。

(三)我国新能源战略政策

2014年习近平总书记在中央财经领导小组第六次会议上首次提出"四个革命、一个合作"能源安全新战略。

2015年党的十八届五中全会首次提出建设清洁低碳、安全高效的现代能源体系。2016年国家发展改革委和国家能源局发布《能源生产和消费革命战略(2016—2030)》,明确2020年后"新增能源需求主要依靠清洁能源满足""展望2050年非化石能源占比超过一半"等目标。[①]

2020年我国正式提出"2030年碳达峰与2060年碳中和目标"。2021年习近平总书记在中央财经委员会第九次会议提出要构建"以新能源为主体的新型电力系统"。

2021年我国提出"1+N"顶层设计,即1个意见《关于完整准确全面贯彻新发展理念做好碳达峰碳中和工作的意见》和N个方案《2030年前碳达峰行动方案》,明确提出非化石能源消费比重目标进一步更新为到2025年、2030年和2060年分别达到20%左右、25%左右和80%以上,其中到2030年的目标相比之前提高了5个百分点。

2022年我国发布《关于促进新时代新能源高质量发展的实施方案》,旨在

---

① 柴麒敏. 中国电力企业管理[J]. 2022(10).

锚定到2030年我国风电、太阳能发电总装机容量达到12亿千瓦以上的目标，加快构建清洁低碳、安全高效的能源体系。方案从顶层设计的角度，通过部署7个方面的21项举措，给出了我国新能源可持续高质量发展的全方位立体蓝图。

二、我国新能源领域的技术创新趋势分析

（一）新能源技术发展趋势

新能源技术创新与颠覆性能源技术突破已经成为持续改变世界能源格局、开启全球各国碳中和行动的关键手段。在全球新一轮能源革命竞速赛中，世界主要国家和地区均将发展新能源技术视为引领新一轮能源科技革命的突破口。在各种能源技术规划和研发资金的大力支持下，全球能源科技创新不断涌现。

目前，全球新能源技术创新正进入加速发展时期。中国科学院科技战略咨询研究院、中国科学院武汉文献情报中心、中国科学院广州能源研究所基于Digital Science的Dimensions数据库，对全球2000—2019年（尤其是2015—2019年）全球新能源技术研究的热点领域、产业转化潜力和未来发展趋势的分析表明（详见表1），太阳能、风能、生物质能、地热能、核能、氢能、储能、能源互联网等8个不同新能源技术领域及其20项代表性创新技术受到高度关注。电池储能技术、太阳能光伏技术、太阳能燃料技术、制氢技术、能源互联网架构及其核心装备技术是最具发展前景的5个技术方向，特别是锂离子电池、有机太阳能电池等，是科研界和产业界共同关注的热点。

表1 2000—2019年全球新能源研究各技术领域发文量及增长情况

技术领域	2000—2019年	2000—2004年	2005—2009年	2010—2014年	2015—2019年	2015—2019年占比/%	四个五年期平均复合增长率/%
太阳能	185996	7194	16400	59379	103023	55.4	142.8
氢能	173937	12923	33463	52736	74815	43.0	79.6
能源互联网	131716	9807	17279	40232	64398	48.9	87.5

续表

技术领域	2000—2019年	2000—2004年	2005—2009年	2010—2014年	2015—2019年	2015—2019年占比/%	四个五年期平均复合增长率/%
储能	125017	4110	8796	31578	80533	64.4	169.6
核能	94668	12140	17721	29317	35490	37.5	43.0
生物质能	77963	1067	7684	28615	40597	52.1	236.3
风能	8721	168	636	2777	5140	58.9	212.8
地热能	4009	383	528	1084	2014	50.2	73.9

资料来源：中国科学院科技战略咨询研究院《新能源技术研究的机遇与挑战》.未来科技系列报告（第一期）2021.3。

(二) 新能源领域创新技术

围绕8个技术领域20项技术主题,从分析中国入选全球TOP 1%顶尖论文的情况来看[①],中国在14项技术主题中有论文入选全球TOP 1%。其中,8项技术主题顶尖论文数量占比超过了全球平均水平,分别为:太阳能燃料技术、制氢技术、电池储能技术、太阳能光伏技术、能源互联网系统集成基础技术、生物质发电技术、燃料电池技术以及能源互联网管理技术(详见表2)。

表2 中国14项技术主题入选全球TOP 1%顶尖论文数量及占比情况

技术领域	技术主题	发文量	入选全球TOP 1%顶尖论文数量	入选全球TOP 1%顶尖论文占比/%
太阳能	太阳能燃料技术	71167	325	4.5
氢能	制氢技术	11583	363	3.1
储能	电池储能技术	315569	835	2.3
太阳能	太阳能光伏技术	17731	391	2.2
能源互联网	能源互联网系统集成基础技术	138	3	2.2

---

① TOP 1% 顶尖论文是指被引频次排名前 1% 的文献。

续表

技术领域	技术主题	发文量	入选全球TOP 1%顶尖论文数量	入选全球TOP 1%顶尖论文占比/%
生物质能	生物质发电技术	323	5	1.5
氢能	燃料电池技术	8971	114	1.3
能源互联网	能源互联网管理技术	2599	26	1.0
生物质能	生物燃料技术	4603	29	0.6
能源互联网	能源互联网架构和核心装备技术	10164	51	0.5
氢能	储氢技术	1732	9	0.5
太阳能	太阳能热发电技术	563	3	0.5
核能	核裂变能技术	2965	3	0.1
核能	核聚变能技术	2084	2	0.1

资料来源：中国科学院科技战略咨询研究院《新能源技术研究的机遇与挑战》。未来科技系列报告（第一期）2021.3。

施引专利的引用分析显示，储能、太阳能和氢能技术研究的国内外市场关注度最高，而产业转化度相对较高的为储能、生物质能和太阳能技术。此外，从施引专利权人所属国别角度分析，美国相对更为重视新能源学术研究成果的技术转化。

在新能源技术领域方面，中国学者的研究实力和水平不断提升，尤其在储能、太阳能、氢能、生物质能等方面表现突出。此外，中国新能源产业发展规模和速度已走在世界前列，当前亟待把握新能源发展的最好时机，针对学术领域的国际前沿和国内能源体系绿色低碳转型的重大科技需求，加强理论和技术的原始创新、颠覆性创新和集成重构创新，同时立足于中国新能源产业发展的巨大市场空间，加快技术转移转化及其成本降低，形成科技创新竞争力和市场开拓竞争力。

21世纪以来，我国在新能源产业链的诸多环节取得重大进展，在设备制造、原材料和能源储存等方面占据优势地位。

（1）新能源制造业，成为全球可再生能源设备主导制造国。我国是世界上最大的太阳能和风能生产国,产量分别为美国的三倍多和两倍多;太阳能电池板产量占全球的70%,美国仅占不到1%;风力涡轮机占全球的40%,美国仅占12%。

(2) 占据新能源产业链若干关键原材料的较大市场份额。在锂、多晶硅、稀土金属、天然石墨、钴和稀土等新能源关键原材料领域,我国产量分别占全球的50%、60%、70%、70%、80%和90%,有力保障了新能源产业安全发展。相比之下,美国进口了40%的锂、80%的钴和100%的石墨。在新能源产业上游原材料方面,中国目前仍占据较大的市场优势。

(3) 在能源储存相关产业占据主导地位。我国掌握全球80%的锂离子电池原材料提炼、77%的电池及60%的电池部件制造产能。未来10年,预计全球近75%的新锂离子电池工厂将在中国建造。在氢气开发领域,我国在制氢、储氢、加氢等关键环节的研究活跃度高,中国氢能领域的论文发表量、入选全球TOP 10%优质论文数量均居世界第一。有条件发展氢能的北京、天津、四川、山东、河北等地方政府已将打造氢能产业链、氢能利用示范列入"十四五"能源发展规划,并相继出台了氢能产业发展实施方案。科研方面,我国和欧盟每年在氢气开发领域的研发资金达到20亿美元,是美国能源部每年拨款1.5亿美元的10倍以上。

三、我国新能源领域人才培养比较分析

(一) 全球新能源发展战略国家比较

随着新一轮低碳技术革命孕育兴起,新能源技术正以前所未有的速度加速迭代,可再生能源发电、先进储能技术、氢能技术、能源互联网等具有重大产业变革前景的颠覆性技术应运而生。新能源技术的进步将深刻改变能源发展前景和世界能源格局。其中,风能、太阳能等技术在各国的迅猛发展证明新能源技术具有变革能源结构、降低碳排放总量的巨大潜力和现实可行性。

世界主要国家和地区对新能源的认识各有侧重,基于其能源资源禀赋特点,从国家能源战略的高度分别制定了各种新能源技术发展规划,采取行动加快新能源科技创新,以增强国际竞争力(详见表3)。

第三章　我国新能源领域的战略发展动向、技术创新与人才培养

表 3　世界主要国家新能源发展战略比较

国家	中国	美国	德国	法国	丹麦	加拿大	澳大利亚
主要新能源结构	太阳能、风能、水能、生物质能、地热能	风能、太阳能、水能、生物质能、地热能、核能	太阳能、风能、生物质能	核能、风能、太阳能、水能	风能、生物能	水能、核能、风能、太阳能	太阳能、风能、水能、生物质能
主要战略政策	《2030年碳达峰与2060年碳中和目标》《关于促进新时代新能源高质量发展实施方案》	《2050净零排放计划》《联邦可持续发展计划》《美国实现清洁能源转型战略》《清洁能源供应链保障战略》	《2050能源效率战略》《国家氢能战略》《2030国家能源战略》	《能源转型绿色发展法案》《国家氢能战略》《2030国家能源计划》	《能源战略2050》《国家能源和气候计划》	《泛加拿大清洁增长与气候变化框架》《加拿大氢能战略》	《澳大利亚氢能战略》
发布时间	2020年；2022年	2021年；2022年	2019年；2020年	2015年；2020年	2011年；2019年	2020年	2019年
创新技术	储能、光伏、燃料电池、制氢、能源互联网系统集成、生物质发电	可持续航空燃料、模块化反应堆、核聚变、氢能、生物质发电、地热发电	风能优化系统、集成光伏、可持续发电、储能	核电技术、风能、氢能	海上风力发电、天气预测、生物质和沼气发电	水力发电、生物质发电、可持续航空燃料、CANDU重水堆	风电、生物燃料、氢能、碳捕获
竞争格局	全球可再生能源发电量占比，中国第一，美国第二	2050年，建立以风能和太阳能为主体的可再生能源电网，加强智能电网、电动汽车等基础设施建设	加强可再生能源可再生电力系统，提高能源效率	2022年重启核能，加强新能源发电	全球风力发电先驱者，生物能优势	2050年，可再生能源发电占比从2020年的69%增长到80%	以氢能为重点的新能源发展战略，2030年成为全球氢能市场的主要参与者

注：ICEE 课题组整理汇总。

83

(二)我国新能源领域人才培养差距

大力发展新能源是我国实现碳达峰碳中和目标的重要支撑,"十四五"期间我新能源行业将迎来高速发展。当前,我国新能源领域人才培养存在学科建设相对滞后、自主创新能力、科研成果转化能力、人才储备能力不足等差距。我新能源专业人才严重短缺与需求猛增之间的矛盾愈发突出,严重制约行业高质量发展。

1. 高校专业设置相对滞后

当前,我国高校新能源人才培养的速度赶不上新能源产业发展的速度。"新能源科学与工程"等专业是近年才设立的本科专业,且只有少数高校开设,毕业生数量少。培养专业人才需要时间,很多高校还没有在新能源领域形成系统的"本科—硕士—博士"人才梯队培养模式。教育部开展了2021年度普通高等学校本科专业设置和调整工作对专业目录进行更新,并于2021年12月公布了普通高等学校本科专业备案和审批结果,以及新增设专业名单。通过对专业目录的梳理发现,与新能源直接相关的新增备案专业有7个,新增设专业有7个(详见表4)。与新能源产业的迅猛发展、技术创新的快速迭代相比,高校专业建设和人才培养水平与市场需求不够匹配,高校专业设置相对滞后,尚未形成一定规模的、成熟的新能源专业人才培养模式、培养标准以及师资源等。

表4　2021年普通高校本科专业新能源领域专业设置

序号	新增备案专业名单			新专业增设名单	
	专业名称	专业代码		专业名称	专业代码
1	新能源材料与器件	080414T	能源动力类	氢能科学与工程	080506TK
2	储能科学与工程	080504T		可持续能源	080507TK
3	能源互联网工程	080607T	电气类	智慧能源工程	080608TK
4	新能源科学与工程	080503T	矿业类	碳储科学与工程	081508KT
5	新能源汽车工程	080216T	水利类	智慧水利	081106T
6	智能电网信息工程	080602T	地质类	资源环境大数据工程	081407TK
7	能源服务工程	080505T	轻工类	生物质能源与材料	081706TK

资料来源:教育部教高函〔2021〕14号《教育部关于公布2021年度普通高等学校本科专业备案和审批结果的通知》2021-12-10。

2. 自主创新能力不足

美国的优势在于突破性创新。在碳捕集与封存（CCS）技术方面,美国拥有世界一半以上的大规模 CCS 设施,并发表了最多的 CCS 论文,技术储备深厚。在储能技术方面,美国初创公司 QuantumScape 成功研制了更安全、更持久的锂电池,将电动汽车的续航能力提高 80% 以上。相比之下,我国尽管在绿色供应链上形成了多环节垄断地位,但关键和核心技术对外依赖性强,大量技术设备和关键技术仍需从国外进口。以新能源汽车产业为例,我国 95% 以上的汽车芯片依赖进口,每年进口汽车芯片金额超过千亿元。

3. 科研成果转化能力不足

美国更加注重新能源学术研究成果的技术转化,重视企业在科技成果转化与技术开发方面的作用,美国能源部发起小企业创新研究补助计划,降低可再生能源领域初创企业的融资成本,提高其专利申请数量和盈利能力。美国还在新能源汽车产业先后投入 200 多亿美元,支持企业和研究机构开展能量效率与再生能源研发、新一代汽车燃料电池研发、电动汽车电池回收利用技术等多个重大项目。根据各国新能源技术专利引用情况,美国施引专利数量排名世界前列,而我国该领域学术论文与专利的结合度较低,与美国仍存在差距。

4. 人才储备能力不足

为贯彻落实《中国制造 2025》,教育部、人力资源和社会保障部、工业和信息化部三部委在 2016 年制定了《制造业人才发展规划指南》。在指南中,对制造业人才需要做出了重要的预测。从人才需求数量上来看,新一代信息技术产业、节能与新能源汽车、电力装备、新材料等领域,所需人才缺口最大。其中节能与新能源汽车的人才缺口最大,占比为 85.83%,十大重点领域 2025 年总计人才缺口预计达到 2985.7 万(详见表 5)。

我国新能源产业专业人才缺口较大,高校专业建设和相关人才培养水平与市场需求不够匹配,从业人员的理论和专业实践水平也有待提高。另外,由于新能源产业仍处于新兴阶段,尚未形成稳定、成熟、广泛的市场,很多技术尚未完全商业化,进入新能源产业的首批创业者需要投入较高成本进行产品开发、产业运营和维护,导致产品价格较高、获利较少,市场需求难以扩大,造成发展受限。

表5 制造业十大重点领域人才需求预测　　　　　　　　单位:万人

序号	十大重点领域	2015年 人才总量	2020年 人才总量	2020年 人才缺口	2025年 人才总量预测	2025年 人才缺口预测
1	新一代信息技术产业	1050	1800	750	2000	950
2	高档数控机床和机器人	450	750	300	900	450
3	航空航天装备	49.1	68.9	19.8	96.6	47.5
4	海洋工程装备及高技术船舶	102.2	118.6	16.4	128.8	26.6
5	先进轨道交通装备	32.4	38.4	6	43	10.6
6	节能与新能源汽车	17	85	68	120	103
7	电力装备	822	1233	411	1731	909
8	农机装备	28.3	45.2	16.9	72.3	44
9	新材料	600	900	300	1000	400
10	生物医药及高性能医疗器械	55	80	25	100	45

数据来源:教育部 人力资源和社会保障部 工业和信息化部关于印发《制造业人才发展规划指南》的通知,教职成〔2016〕9号。

第四章　我国新能源领域创新型工程科技人才培养模式

随着我国新能源产业的不断发展,对新能源人才的需求也越来越大。本章通过实地考察和访谈调研清华大学、青海大学、上海交通大学、华北电力大学、西安交通大学、天津大学等高校,以及部分地方政府,从政校企协同合作育人、联合培养、中外合作办学的角度,对我国新能源领域创新型工程科技人才培养模式的典型经验进行了全面的分析和总结。

一、从对口支援到对口合作——清华大学、青海大学

(一) 青海省新能源发展现状及趋势

青海省在我国乃至世界的新能源领域中都占据重要位置。2016年,习近平总书记视察青海时曾提出"使青海成为国家重要的新型能源产业基地"。2021年,习近平总书记又提出"青海要打造国家清洁能源产业高地"。这奠定了青海在国家新能源领域的重要战略地位,并以《青海省国民经济和社会发展第十四个五年规划和二〇三五年远景目标》(简称《十四五规划》)及专项规划《青海打造国家清洁能源产业高地行动方案(2021—2030年)》(简称《行动方案》)[1]、《青海省"十四五"能源发展规划》(简称《能源规划》)[2]等作为政策支撑。青海省具有发展新能源的先天独特优势,资源丰富、品类齐全,是清洁能源资源大省,具有显著的开发优势及巨大的开发潜力,新能源开发利用条件居

---

[1] http://www.scio.gov.cn/xwfbh/gssxwfbh/xwfbh/qinghai/Document/1714471/1714471.htm.
[2] http://fgw.qinghai.gov.cn/ztzl/zt2022/sswgh/zxgh/202203/P020220308374668670495.pdf.

全国之首。《行动方案》指出:青海省的太阳能、水能、风能资源位居全国前列,水能资源理论蕴藏量位居全国第五;太阳能资源技术可开发量位居全国第二,光伏发电成本全国最低;风能技术可开发量位居全国前列;地热能、天然气、页岩气储量丰富,盐湖锂资源和盐类资源优势显著,为电化学储能和光热发电产业发展提供了优越的支撑条件;10万平方公里以上的广袤荒漠化土地,为打造国家清洁能源产业高地创造了良好的基础条件。

青海省在新能源开发上已取得了较为显著的成绩。新能源装机量逐年上升,火电装机量逐步减少。《能源规划》指出:截至2020年年底,青海省电力装机4030万千瓦,清洁能源装机和发电量占比分别达90.22%和89.3%。风电、太阳能发电装机占比达60.6%,是全国唯一占比超过一半的省份。其中,光伏装机1580万千瓦,是2015年(564万千瓦)的2.8倍,集中式光伏装机居全国第一,占全国6%。"世界光伏看中国,中国光伏看青海",青海省海南藏族自治州共和县的光伏发电园区与龙羊峡水光互补光伏发电站获得吉尼斯世界纪录,成为全球最大装机容量的光伏发电园区、最大装机容量的水光互补发电站。其中,龙羊峡水光互补光伏电站科普教育基地还被评为"2021—2025年度第一批全国科普教育基地";光热装机21万千瓦,居全国第一;风电装机843万千瓦,较2015年(46.7万千瓦)增长18倍;海南、海西基地清洁能源装机分别达到1841万、1043万千瓦,实现"两个千万千瓦级基地全面建成"发展目标。水电装机量较为稳定,由2015年的1145万千瓦略上升至2020年的1192万千瓦。而火电装机量则由2015年的415万千瓦下降至2020年的393万千瓦。2021年年底,青海省清洁能源装机3893万千瓦,占总装机的90.8%;集中式光伏装机1655瓦千瓦。2021年全省清洁能源发电845.69亿千瓦时,在总发电量中占比超过85%①。可见,青海省新能源发展实现逐年增长。此外,2018年青海省首次实现电力外送,"十三五"期间,实现净外送可再生能源电力440亿千瓦时,帮助外省减排二氧化碳3816万吨。

而青海省现阶段对新能源的开发与其潜力之间仍有很大差距,《能源规划》从数据上指出:青海省全省新能源开发可利用荒漠土地约10万平方公里,光伏技术可开发容量35亿千瓦,风电技术可开发容量7500万千瓦以上。但从开发现状来看,到2020年年底,光伏装机容量占可开发量的0.45%,风电装

---

① http://www.scio.gov.cn/xwfbh/gssxwfbh/xwfbh/qinghai/Document/1714471/1714471.htm.

机占可开发量的11.24%①。因此,立足于青海省新能源的资源优势和巨大的开发潜力,提出了青海的能源发展目标。到2025年,海西、海南州新能源发电装机容量分别超过3000万千瓦和2500万千瓦,全面建成国家清洁能源示范省,国家清洁能源产业高地初具规模,黄河上游清洁能源基地建设稳步推进,清洁能源装机占比、发电量占比进一步提高,清洁能源发展的全国领先地位进一步提升;到2030年,全省新能源装机1亿千瓦以上(约占全国10%)、清洁能源装机超过1.4亿千瓦,国家清洁能源产业高地基本建成,全面建成以清洁能源为主体的新型电力系统,零碳电网基本建成,光伏制造业、储能制造业产值分别过千亿②。而清洁能源装机占比由2020年的90.2%上升至2025年的96%,发电量则由89.3%上升至96%,到2030年,两者均上升至100%③;到2035年,建成亿千瓦级的"柴达木清洁能源生态走廊"、亿千瓦级黄河上游100%绿色能源发展新样板、千亿级光伏光热产业集群、千亿级锂电产业基地,全面建成国家清洁能源产业高地,为优化全国能源结构,实现碳中和目标做出"青海贡献"④。此外,还要开发地热、氢能、核能等能源新品种。

(二)青海大学新能源人才培养

《行动方案》提出,要提升新能源人才培养。以省内高校为主体,依托对口援青高校优势,加强新能源学科群建设,提升人才培养与产业发展融合深度和广度。重点推动新能源、储能科学、电力工程等专业人才培养水平和规模,提升能源领域人才培养层次。建立面向能源产业的人才培养协同机制⑤。可见,人才培养并不只是高校的责任,需要与产业协同培养,但高校仍是重要的培养主体。立足于青海新能源发展的资源、产业优势及潜力,青海大学在新能源人才培养上无疑有巨大的优势及责任。

青海大学于2014年成立了新能源光伏产业研究中心,从事科研服务、人才培养和技术咨询工作,主要研究解决新能源领域的技术和人才培养问题,为青海省新能源发展提供技术和人才支撑。研究中心设有"新能源材料与器件"

---

① http://fgw.qinghai.gov.cn/ztzl/zt2022/sswgh/zxgh/202203/P020220308374668670495.pdf.
② http://www.scio.gov.cn/xwfbh/gssxwfbh/xwfbh/qinghai/Document/1714471/1714471.htm.
③ http://www.scio.gov.cn/xwfbh/gssxwfbh/xwfbh/qinghai/Document/1714471/1714471.htm.
④ http://fgw.qinghai.gov.cn/ztzl/zt2022/sswgh/zxgh/202203/P020220308374668670495.pdf.
⑤ http://www.scio.gov.cn/xwfbh/gssxwfbh/xwfbh/qinghai/Document/1714471/1714471.htm.

和"储能科学与工程"两个本科专业,及"能源动力"专业硕士学位点。其中,新能源材料与器件专业在 2016 年开始招生①,储能科学与工程、能源动力均为 2021 年新增专业。

新能源材料与器件本科专业旨在培养从事新能源材料与器件项目开发、设计或运行管理工作的人员;或成为新能源系统设计、施工、管理、投资开发、研究等领域的技术或管理人才。所培养出来的人才需具备以下能力:掌握新能源材料与器件专业基础理论知识和专业技能、具有整合思维、工程推理和解决问题能力;具备合格的个人素质、职业素养及职业道德,有较强的人际交往及合作能力;具备为民族地区社会发展服务的意识和能力。根据该专业 2016 年人才培养方案,该专业四年制本科培养总学分 160 学分,其中:公共基础课 44.5 学分(必修课 35.5 学分,素质类公共选修课 9 学分);学科平台课 54 学分(必修 46,选修 8);专业基础课 15.5 学分(必修课 11.5 学分,选修 4 学分);专业课 18 学分(必修 10 学分,选修 8 学分);集中进行的实践性教学环节 24 学分(必修 17,选修 7),创新创业课程 4 学分(必修 2 学分,选修 2 学分)。其中单独实验课 20 学分,与课程一体的实验课共有 32 学时,可折合 2 学分。实践性教学环节 24 学分,创新创业实践 2 学分,实践教学合计 48 学分占总学分 30%。

核心课程包括无机化学、分析化学、半导体物理基础、固体物理、材料科学基础、物理化学、半导体材料与器件、光伏系统设计与优化;专业实验主要包括光伏材料工艺与分析实验、光伏系统设计与优化实验、光伏器件工艺与检测实验;实践性教学环节包括工程训练、认识实习、专业实习及毕业论文(设计)②。

教师方面,先后引进中科院院士 2 名,昆仑英才·高端创新人才千人计划 10 余名。现有教职工 22 人,其中专任教师 18 人、专职实验员 1 人、辅导员 1 人,其中博士 15 人,占专任教师人数的 80% 以上。在清华大学梅生伟教授的带领下,中心打造了一支以院士指导、名校协助、国内外专家参与、博士为主、硕士为辅的科研攻坚团队,为青海大学新能源新材料学科群的进一步发展和人才培养奠定了人才基础。科研方面,光伏中心形成了一个基于学科交叉、协同创新,涉及各种新材料、新装备、新模式、新技术的平台。目前拥有国家级科研平台 1 个,省部级科研平台 4 个,包括清华大学电力系统及发电设备控制和

---

① https://zsw.qhu.edu.cn/yxzy/xnygfcyyjzx/index.htm.
② https://gfxy.qhu.edu.cn/rcdw/rcpy/30145.htm.

仿真国家重点实验室青海大学分室、教育部新能源系统高端装备和智慧运行工程中心(培育)、青海省清洁能源高效利用重点实验室、青海省太阳能综合利用科研科普基地等。其中,太阳能综合利用基地在国内高校中功能最完备、设备最齐整、技术最先进。教学方面,注重科教融合,在研究中促进学生教学。光伏中心获批昆仑英才-储能科学与工程名师工作室,将新工科建设全面落地,持续将科研力量反哺到教学过程中。以光伏中心"大学生综合素质提升计划""大学生科研训练与创新计划""大学生朋辈教育计划"和"大学生帮扶计划"为依托,完善了三全育人机制,参与科研项目的本科生比例超过了50%。[①]

此外,青海大学还注重与企业合作,校企合作,产学研协同培养新能源人才。2021年7月13日,根据与国网青海省电力公司签订的战略合作协议框架协议,青海大学建成全国第一个智慧光伏校园示范工程,即青海大学清洁能源示范校园分布式光伏项目,这也是青海省内第一个"绿电进校园"项目。该项目的安装、运维、并网、消纳、监控等技术都处于当前市场的前沿,可为新能源科研和教学工作、技术突破等提供有力的实践基础。

通过20多年的对口支援工作,目前青海大学已聚集很多高层次人才,新知识、新技术、新理论源源不断输入。通过大力建设新能源学科平台,大大提升了青海大学在新能源领域的人才培养、科学研究和服务社会的能力,逐渐形成了联合支援高校、共同服务区域和国家战略、共同支持地方经济社会发展的新格局。对口支援已成为对口合作,极大地解决了资源与人才配置错位的问题。

二、政校企协同育人推动产业发展——青海省政府、国家电网公司

面向能源产业的人才培养协同机制需要企业的参与。工作场所中的实践经验是工程人才成长、成熟的重要内容。国网青海省电力公司在青海省新能源人才培养方面发挥关键作用,但其培养机制不同于高校人才培养。

首先,企业的人才需求为高校设定了人才培养目标。以2022年国网青海省电力公司高校毕业生招聘364人公告(第一批)为例,需求量最大的为县或市的变电运检、输电运检、配电运检、电力营销、换流站直流运检、送电线路施

---

① https://zsw.qhu.edu.cn/yxzy/xnygfcyyjzx/index.htm.

工等岗位约 310 人,要求电气工程及其自动化、高压输配电线路施工运行与维护、发电厂及电力系统等电工类专业大学专科及以上学历。其次为县或市的自动化运维、信息系统检修维护、信息技术、通信运维检修、电力营销等岗位约 30 人,要求计算机科学与技术、通信工程等电子信息类专业大学本科及以上学历。而市直属单位的大电网安全与控制技术研究、输变电技术研究、直流设备运检技术、规划设计技术、工程设计技术、调控运行值班等岗位 10 人,要求电气工程、电力系统及其自动化等电工类专业的硕士研究生及以上学历。此外,市直属单位的工程项目管理技术约 4 人,要求水利水电工程、能源与动力工程(水动方向)专业大学本科及以上学历。最后,县或市的档案管理、品牌建设管理、企业法制管理、企业文化与宣传管理、人力资源管理等约 10 人,要求档案学、法学、新闻学、思想政治教育、人力资源管理等专业大学本科及以上学历。[①]在实际录用的 319 人中,116 人来自青海大学。前 10 的高校还有重庆电力高等专科学校 16 人、三峡电力职业学院 11 人、华北电力大学(保定)10 人、青海大学昆仑学院 9 人、三峡大学 8 人、东北电力大学(北京)5 人、西北民族大学 5 人、长春工程学院 5 人。其中,男性 246 人,占 77.1%,女性 73 人,占 22.9%[②]。

其次,国家电网及青海省电力公司实行职称制,由企业内部评定,参加单位考试、评审,与学历和工作年限挂钩。

一般来说,对于助理级职称,要求取得中专学历后从事本专业工作满 1 年可认定员级职称,工作满 4 年可认定助理级职称;大专学历工作满 3 年可认定助理级职称;本科学历工作满 1 年可认定助理级职称。

对于中级职称,要求大学本科或大学专科毕业,助理级职称年限满 4 年,且"现职称后本专业累积年限"满 4 年或"现职称后本专业连续年限"满 2 年;双学士学位,"本专业年限"满 4 年;硕士学位,"本专业年限"满 2 年[学制不满 2 年的国(境)外硕士需满 3 年]。其中,申报讲师职称需具备大学本科学历;中等职业学校(技工学校)毕业,"现职称后本专业累积年限"满 5 年;大学本科毕业,"现职称后本专业累积年限"满 3 年,可申报一级实习指导教师职称。

---

① https://zhaopin.sgcc.com.cn/unitPart.html?bullet_id=d6a904ca0fe64f6ba182e306ec2c7b54&particulars=true.

② 公示名单详见 https://zhaopin.sgcc.com.cn/unitPart.html?bullet_id=206638dbfe524c17bb202e0295ffec5c&particulars=flase.

对于副高级职称,要求大学本科毕业,中级职称年限满5年,且"现职称后本专业累积年限"满5年或"现职称后本专业连续年限"满3年;硕士学位(含双学士学位),中级职称年限满4年,且"现职称后本专业累积年限"满4年或"现职称后本专业连续年限"满2年;博士学位,中级职称年限满2年,且"现职称后本专业累积年限"满2年或"现职称后本专业连续年限"满1年。

正高级职称,具备大学本科及以上学历(工程系列需理工科、卫生系列需卫生专业),"现职称后本专业累积年限"满5年,"本专业年限"要求本科满15年、硕士满11年、博士满7年,可申报评定正高级职称。非本专业副高级职称,需转评后方可申报。同时也规定了破格申请正高级职称的相关条件。

同时,在工程技术领域生产一线岗位工作、具有理工科学历、符合工程管理系列学历层次要求且取得现从事专业相应资格的员工,可申报评定电力工程技术相应级别职称。具体如下:取得高级工资格后,从事技术技能工作满2年,可申报助理工程师;取得技师资格后,从事技术技能工作满3年,可申报工程师;取得高级技师资格后,从事技术技能工作满4年,可申报高级工程师。[①]

最后,国家电网有一套人才晋升制度,即"358"制度。为实现人力资源优化配置,国家电网规定,所有新入职员工必须在基层单位生产一线工作相应年限,方可通过"竞聘制"进入管理层。具体年限规定如下:硕士研究生3年以上[其中,国(境)外不满2年硕士留学生需4年以上],大学本科生5年以上,大学专科生8年以上。同时,国网公司根据艰苦情况将基层单位划分了不同等级,在年限上有所调整。

三、储能技术政产学研合作新模式——西安交通大学、华北电力大学、天津大学

新型储能是建设新型电力系统、推动能源绿色低碳转型的重要装备基础和关键支撑技术,是实现碳达峰、碳中和目标的重要支撑。为加快培养储能领域"高精尖缺"人才,支撑储能产业关键核心技术攻关和自主创新,推动我国新型储能高质量规模化发展,国家相继出台一系列储能技术相关政策(详见表1)。

---

① http://pic01.sq.seqill.cn/uploads/0518/16213013284.pdf.

表 1 我国储能技术主要颁布政策及实施

发布时间	发布部门	主要政策	目标任务	重点举措	实施院校
2020年1月	教育部、发改委、能源局	《储能技术专业学科发展行动计划（2020—2024年）》	5年左右，增设若干储能技术本科专业、二级学科和交叉学科；建设若干储能技术学院（研究院）；建设一批储能技术产教融合创新平台；形成一批重点技术规范和标准	1. 学科专业设置；2. 国家地方高校企业四位一体；3. 产教融合创新平台；4. 双师型教学；5. 产教融合实践基地；6. 产教融合联合体	西安交通大学、华北电力大学、天津大学等
2022年2月	发改委、能源局	《"十四五"新型储能发展实施方案》	到2025年，新型储能由商业化初期步入规模化发展阶段，具备大规模商业化应用条件；到2030年，新型储能全面市场化发展	推进国家级储能技术产教融合创新平台建设，促进教育链、人才链和产业链的有机衔接和深度融合	西安交通大学、华北电力大学、天津大学等
2022年8月	教育部、发改委、能源局	《储能技术国家急需高层次人才培养专项》	聚焦储能领域核心技术领军人才，创新产学研协同人才培养模式，形成储能领域高层次人才辈出的格局，为实现我国储能领域高水平科技自立自强和关键核心技术自主可控的战略目标奠定基础	根据企业需求，以电气、动力及工程热物理、化学、材料等相关一级学科和专业学位类别，每年选拔20名左右博士生进入专项，专项实施周期为4年（2022—2025年）	清华大学、天津大学、华北电力大、西安交通大学等10所高校；中石油、中石化、国家电网公司等18家企业

注：ICEE 课题组整理汇总。

根据储能政策的目标任务和重点举措，作为全国首批三所获批国家储能技术产教融合创新平台的高校——西安交通大学、华北电力大学、天津大学，结合地方资源禀赋和自身学科优势，积极布局储能技术，形成了各自独特的储能技术"专业+专项+平台"人才培养新模式。[①]

1. 西安交通大学

1）储能科学与工程专业

该专业于 2020 年 2 月获得教育部批准，为国内首个储能科学与工程专业。西安交通大学是教育部批准的全国首批 12 家未来技术学院建设单位之一，储能科学与工程专业就设在未来技术学院。未来技术学院突破传统工程科学的人才培养框架，组建校企合作"双师型"师资队伍，实施多学科交叉的联合人才培养模式，全面整合该校动力工程及工程热物理、电气工程、电子科学与技术、材料科学与工程、物理学、化学等六大储能相关学科的人才、平台、科研基地等资源，形成多学科联合共建储能专业的本、硕、博贯通培养新模式。

储能专业实施由"六大学科交叉、十大企业协同、三大方向模块"的"通专融合"拔尖创新人才培养新模式。大一学生开展储能专业通识教育，大一学期末学生按照热质储能、储能系统和电磁储能三个模块，结合个人意愿和综合成绩进行模块分流，并进入相关学院进行模块课程学习，学生可跨模块选择储能专业特色课程。储能领域十大龙头企业提供企业导师进行联合培养，钱学森学院和相关优势学科所在学院为储能专业学生提供国际交流和联合培养机会，打造具有国际视野的储能领域领军人才。

2021 年，西安交通大学未来技术学院在入学新生中选拔储能科学与工程、智能制造工程、人工智能、医工学四个方向共计不超过 40 名新生，整合全校优质教学资源，实施"2+5"本研贯通培养（本硕连读）。采用项目驱动式课程体系，注重设计思维。定制了从基础到初级、中级、高级项目课程体系，采用"基础—专业—创新创业"梯次推进的培养方案，形成学科交叉融合的知识体系，全面培养学生创新创业能力。实行本硕博贯通式培养，即 2 年基础能力教育+2 年创新能力教育+X 年硕/博专业教育。

[①] 专业——储能科学与工程专业，专项——储能技术急需高层次人才培养专项，平台——国家储能技术产教融合创新平台。

2）国家储能技术产教融合创新平台

西安交通大学依托中国西部科技创新港探索产教融合、协同育人一流大学新形态，在国家发改委、教育部等部门和陕西省人民政府的指导下，在华电集团、华能集团、国家电网等一大批储能领域龙头企业的大力支持下，2021年12月，西安交通大学入选首批国家储能技术产教融合创新平台建设高校，获批总经费4.3949亿元，数额位居获批高校第一。

国家储能技术产教融合创新平台围绕储能产业技术发展和储能"高精尖缺"人才培养的重大需求，创新建设模式，采用政府支持，高校牵头，联合行业龙头企业深度参与的方式，构建"1+1+N"新型政产学研合作新模式联合建设。

2. 华北电力大学

华北电力大学是教育部直属全国重点大学，是国家"211工程"和"985工程优势学科平台"重点建设大学。2017年进入国家"双一流"建设高校行列以能源电力为学科特色的华北电力大学，在储能领域有着良好的学科基础，并在储能和氢能学科建设方面积极超前布局。获批全国首批"储能科学与工程"本科专业，并于2020年开始储能本科方向培养；获批全国首个"氢能科学与工程"本科专业，并于2022年开始启动招生。目前，学校拥有"储能科学与工程""氢能科学与工程"交叉学科博士点。2022年获批国家储能技术产教融合创新平台，已正式启动建设，围绕储能和氢能方向，构建高精尖缺人才培养、卡脖子关键技术攻关、保障产业良性发展三位一体的学科建设新模式。

1）储能科学与工程专业

2021年3月，储能科学与工程专业获批教育部备案。华北电力大学储能科学与工程专业紧跟国家能源战略调整，系统培养具有扎实的能源、电气、化学、材料、物理、控制等交叉学科的基础理论，系统掌握电能、热能、机械能、化学能等能量存储和转化相关的科学知识，具备储能科学与工程专业相关应用能力的专业人才。面向电网侧和发电侧技术需求，学校依托电气与电子工程学院（电网侧）、能源动力与机械工程学院（火电侧）、可再生能源学院（新能源侧）三大学院，凝练了锂电池材料与技术（含电动汽车电池储能）、储热材料与系统、电解水制氢及燃料电池技术、储氢技术、机械储能技术（含飞轮储能技术）、压缩空气储能技术、储能系统规划及运行控制共七个储能技术方向，形成了涵盖电化储能、物理储能、化学储能等多个储能研究方向的研究队伍。基于"特设专业+专业方向+公选课程"的"三层串联"模式，构建"大类招生、交叉培养、通专融合"的储能专业和本科生培养体系，形成点面结合、全校各专业合力培养储能人才的机制。在储能课程层面，学校将着力打造两组课程和一组项目，即面向"储能科学与工程"专业和"能源与动力工程（储能方向）"的储能专业课程模块，面向全校本科生的储能公选课程模块，以及强化能力导向的储能科研训练项目。

华北电力大学储能和氢能学科以动力工程及工程热物理、化学工程、电气工程等学科为基础，涵盖电化学储能、热/热化学储能、储能安全、储能系统等储能领域，及绿色制氢、氢储运与氢安全、燃料电池、氢动力等氢能领域，立足学科交叉融合、产教融合、科教融合，力争为实现我国能源结构转型以及储能和氢能技术与产业发展培育优秀人才、产出原创成果。

2) 国家储能技术产教融合创新平台

2022年学校成功入选首批国家储能技术产教融合创新平台，该平台将建成人才培养、学科建设、科学研究三位一体综合性、开放性的创新平台。创新平台建设采取"1+1+N"模式，两个1分别是华北电力大学和北京市昌平区，N就是以未来科学城能源电力央企研究院以及全国在这个领域的龙头企业组成科研矩阵，采用政产研学用的模式进行共同建设。储能创新平台重点将在三个领域开展科技创新，一是关于储能安全技术，二是氢能和燃料电池，三是储能电站及其安全经济运行。

华北电力大学联合北京市昌平区政府与国网经济技术研究院有限公司、全球能源互联网研究院有限公司、中国长江三峡集团有限公司科学技术研究院、国家电投集团科学技术研究院有限公司、国家电投集团氢能科技发展有限公司、国家能源集团新能源技术研究院有限公司等单位组成北京未来科学城储能技术产教融合创新联合体，共同参与平台建设。

平台建设周期为36个月，支持总经费达4.23亿元，平台将建成集人才培养、学科建设、科学研究为一体的综合性、开放性的创新平台。在人才培养方面，学校将加强对储能技术产业高端人才的培养，提升储能技术重点前沿方向的科研能力和水平，为产业发展提供人才和技术支撑，同时促进京津冀地区相关高校及企业的人才培养和科研工作。在学科建设方面，该学校将构筑从基础研究、技术创新到工程转化的完整创新链条，形成"双碳引领、层次清晰、结构协调、互为支撑、高质量发展"的学科发展新布局，全面提升学科服务国家重大战略和行业需求的能力，打造一流储能学科。在科研创新方面，将围绕电化学储能、氢能及其在电网中的应用技术等领域开展技术攻关，为可再生能源消纳和保障电网稳定提供技术支持，推动国家能源结构转型。

3. 天津大学

1）储能科学与工程专业

2021年，储能科学与工程专业获批。2022年，天津大学国家储能平台建立，首批建设电化学储能、燃料储能与应用、储能装备与系统、储能安全与运维、储能经济与政策五个研究中心。2022年，采取入校二次选拔方式，招收首批储能科学与工程专业本科生。平台围绕"夯实基础、交叉融合、项目教学、模块选修、本研贯通"目标，聚焦"两性一度"，深化交叉融合、科教融合、产教融合，持续优化课程体系、完善人才培养方案，为国家培养能够引领储能技术进步与产业发展的卓越工程师和科学家。

紧密围绕国家"双碳"发展战略，聚焦产业热点和行业需求，依托储能交叉学科和优质师资，面向全国储能领域的企业和天津市地方高校，建设"新能源+储能工程师"全领域培训及认证体系，从新能源、碳排放、碳金融几个方向打造若干门培训课程，打造储能非学历高层次人才培训项目。

2）国家储能技术产教融合创新平台

天津大学实施产教融合协同育人计划，以储能学科专业为主体（1），校内各优势学科为支撑（N），联合储能行业龙头企业（X），构建"1+N+X"产学研深度融合的教育教学新体系，拓展强化与企业的联合技术攻关和人才培养。目前已与国家电网、南方电网、中国电气装备、东方电气、华为、航天科工、航天科技、中汽研、玉柴、潍柴等数十家储能行业顶尖企业开展科技攻关合作，并与国家能源集团、中国能建、中石化、南方电网、比亚迪、东方电气、上海捷氢、玉柴芯蓝、天合储能和金风科技等企业签署人才联合培养协议，支持专项博士生参与企业的研发项目，支持博士生依托企业的科研条件和重大研发项目开展博士学位论文研究，并鼓励企业优秀青年技术骨干申请攻读定向博士生，同时正与国网天津市电力公司筹备联合挂牌"国家储能技术产教融合创新平台实训基地"。

四、中外联合培养卓越工程师——上海交通大学巴黎卓越工程师学院

为了响应《国家中长期教育改革和发展规划纲要(2010—2020)》中提出的"卓越工程师教育培养计划"重大改革项目的号召,为社会发展储备未来的精英工程师,经教育部批准,上海交通大学于2012年成立"上海交通大学巴黎卓越工程师学院"。学院依托上海交大优势学科及办学条件,引进法国先进的工程师培养理念和优质教学资源,旨在培养适应经济和社会发展的复合型、应用型、具有国际视野、杰出的工程技术人才和企业界领袖。学院下设信息工程、机械工程、能源与动力工程三个专业,配有设备先进的独立教学实验楼,在交大主校区学院具有先进的教学科研空间和环境。

学院培养能源转换与利用、动力工程领域高端技术和复合应用人才。通过能源与动力工程专业开设以数学、物理、化学和工程科学为主干的基础课程群,以热传导、流体力学、新能源技术、碳捕获技术为核心的专业课程群,以数字孪生、节能储能技术、碳中和为导向的前沿课程群。学院实施本硕贯通培养计划,有机地融合中法两国教育体系和教育资源,形成了4年本科和2.5年硕士研究生贯通的培养计划。大二上学期专业选择自由进入工程师阶段学习。满足学业要求,学生均可获得推免直升资格进入硕士研究生阶段,无学生比例限制,完成学业要求可获得:上海交大学士学位(学历);上海交大硕士学位(学历);法国工程师职衔委员会(CTI)认证和欧洲工程教育(EURACE)认证的法国工程师职衔文凭;通过双学位项目,还可获得海外合作高校硕士文凭。

培养特色1:国际一流的师资力量。汇聚全球人才,外籍教师占60%,副高及以上职称的教师超80%,教师均毕业或曾任职于国际顶尖学府,能熟练地运用中、英、法三种语言进行教学。20人以内的小班化教学,师生间紧密交流与合作,为本科生参与科研提供丰富的支持。

培养特色2:紧密的校企合作、以企业需求为导向。世界知名企业参与制订培养计划,企业专家承担核心课程。在工业界和实验室超10个月的渐进式的实习丰富学生的课外实践经历,全面深刻地了解企业/实验室科研的工作内容及用人需求,使学生毕业后能够快速地适应工作环境。

培养特色3:量身定制个性化的培养路径,通专融合的课程选择。工科专

业自由选择,另设30%的人文、经管、金融等选修课程,着重培养职业能力、管理能力以及多元文化背景下的工作能力。

培养特色4：100%全员海外交流交换。来自欧洲、北美、亚洲的顶尖合作高校提供0.5~2.5年的学位交流交换项目,深度体验海外名校学习氛围,拓展国际视野。

上海交通大学巴黎卓越工程师学院凭借学院出色的办学成效和优秀的培养成果,在2016年被中法两国政府评为"中法大学合作优秀项目",2019年入选工信部"中法工业合作示范项目"。

第五章　新时期我国新能源领域创新型工程科技人才培养的政策建议

近年来,全球各国都在积极发展新能源,以应对环境污染和能源短缺问题。随着全球各国在新能源领域的快速发展,对高素质的工程科技人才需求也日益增加。在新能源领域具有比较优势的丹麦、德国、法国等欧洲国家,美国、加拿大等北美国家,日本、韩国、中国等东亚国家,以及澳大利亚,结合各自国家能源资源禀赋,在新能源领域积极开展战略布局,加速推进人才培养和能源转型。与欧美发达国家相比,我国新能源领域人才培养存在学科建设相对滞后,以及区域人才储备、自主创新能力、政产学研合作、师资队伍建设、人才保障措施不足等差距。

一、我国新能源领域人才培养的差距

差距1:学科建设相对滞后。与新能源产业的迅猛发展、技术创新的快速迭代相比,我国高校新能源的学科设置相对滞后。虽然最近几年我国部分高校已经开设诸如储能、氢能、新能源科学与工程等专业,但在学科建设和人才培养水平等方面与行业市场需求不够匹配,缺乏具有针对性的新能源行业实践教育和培训。一些学校仍然注重传统的能源学科教学,缺乏对新能源技术和应用的系统性和综合性的研究与教育。许多学校在教学方面注重理论知识,忽视实践操作能力的培养。新能源技术的应用需要较强的实践能力和工程技术实践能力,但许多学生缺乏这方面的训练。高校尚未形成一定规模的、成熟的新能源专业人才培养模式和培养标准等。

差距2:区域人才储备不足。基于自然资源禀赋的新能源发展,其人才培养具有一定的区域性。我国西部及西北部为新能源资源丰富的区域,但我国大部分能源需求主要集中在中东部地区,高端人才也同样集中在中东部地区。不仅存在能源供需的区域相反现象,区域性高端人才储备不足的问题也相当突出。青海、甘肃、宁夏、新疆等地区是可再生资源最丰富的地区,也是新能源产业聚集区。但新能源研发制造大部分集中于大城市东南沿海地区,由此造成资源与人才的配置错位。虽然我国在新能源领域的发展已经取得了一些成果,但是要实现从技术跟进到技术引领,解决区域发展问题,还需要更多高端人才的支持。

差距3:政产学研合作不足。新能源基础设施建设离不开政府、行业、高校以及科研机构的相互合作,我国高校和研究机构与企业、政府的政产学研合作不够紧密,这导致了新能源技术在研发和应用过程中出现了许多不协调的问题。企业缺乏足够的科研力量和技术能力,而学术界则缺乏实践经验和市场感知。国外发达国家则更加注重新能源学术研究成果的技术转化,重视企业在科技成果转化与技术开发方面的作用。根据各国新能源技术专利引用情况,美国施引专利数量排名世界前列,而我国该领域学术论文与专利的结合度较低,与美国仍存在差距。

差距4:师资队伍建设不足。我国新能源领域的教师通常具有硕士或博士学位,但是教育背景与新能源行业并不密切相关,存在专业不匹配的情况。有些工科教师缺乏新能源行业实践经验,这会影响教师对工程实践的理解和传授。一些工科教师在教学方面存在不足,包括教学方法陈旧,课程内容不够前沿、实用等。同时在评价机制方面,工科教师的聘任和晋升一般是以科研成果为主要考核指标,而对于教学水平的评价不够重视。

差距5:人才保障措施不足。我国新能源行业目前处于快速发展阶段,缺乏完善的职业晋升体系和职业规划机制,这给人才的成长和发展带来一定的困难。同时,新能源企业尚未意识到人才培养的重要性,缺乏系统化、长期化的培养计划和机制。另外,政府在新能源领域的人才激励政策尚未完善,缺乏具有吸引力的激励措施,限制了新能源领域优秀人才的留存与流动。

二、我国新能源领域人才培养政策建议

新能源领域创新型工程科技人才培养是我国新能源事业发展的重中之重,是实现新能源可持续发展的重要保障。"十四五"是我国实现碳达峰的关

键期、推进碳中和的起步期,新能源领域工程科技人才培养至关重要。在分析、比较世界主要国家新能源发展战略的基础上,借鉴主要发达国家工程科技人才培养的典型模式,结合我国新能源领域人才培养的典型经验,针对新时期我国新能源领域的工程科技人才培养,从学科建设、区域发展、产学合作、师资培养、人才保障五个方面提出如下十条政策建议。

(一) 学科建设:设置学科专业引导发展清单,促进专业产业同步发展

目前我国大部分高校的学科专业还是基于传统能源专业设置的,专业知识陈旧,无法满足新能源行业可持续发展的需要。因此在学科设置方面,建议从以下两个方面入手:

建议1:加强新能源核心学科建设。新能源行业高速发展,且存在很多核心技术突破压力,前瞻性和多元化人才培养的需求越来越迫切。应当把握新时期新能源发展的新需求,积极推进新能源领域相关学科的建设和发展。应及时设置核心学科专业,建立学科专业动态调整机制。密切跟踪国际新能源领域专业发展趋势,针对新能源领域的热点、难点问题,建设核心学科,加强基础理论和应用技术研究,如储能技术、氢能技术、太阳能燃料技术、核能技术、人工智能电网调度等,提前布局我国新能源发展战略。

建议2:设置学科专业引导发展清单。高校设置的专业方向是否科学,培养的专业人才能否跟上行业发展步伐,这些都是要考虑的问题。高校对新能源专业人才的培养必须紧跟行业发展大势。因此,学科专业引导发展清单应定期编制、动态调整,主动对接新能源行业重大需求;编制新能源行业紧缺人才目录,及时发布新能源领域人才需求预测;同时,扩大高校新能源专业设置的自主权,增强专业设置的科学性、灵活性和特色化,促进专业设置与产业发展同步。

(二) 区域发展:加强区域高端人才培养,解决资源人才配置错位问题

新能源发展具有很强的区域性,西部地区是我国新能源产业发展的集中区域,但西部地区科研生产高端人才缺乏,核心技术创新能力不强,原创性技术成果较少,科研能力与行业高水平存在较大差距。因此在区域发展方面,建

议从以下两个方面入手：

建议3：加强区域高端人才培养。国家"十四五"规划布局的九大清洁能源基地，绝大多数都在西部，加强西部区域高端人才培养至关重要。清华大学创新领军工程博士项目具有借鉴意义。创新领军工程博士地域特色项目包括粤港澳大湾区项目、长三角项目、西南地区项目。其中西南地区项目服务国家区域发展战略，面向服务于西南地区的电力与能源、资源环境、智能制造、信息技术、高新材料及相关领域的国家重点行业、创新型企业，以成渝地区双城经济圈为核心并辐射西南地区，培养高端创新领军人才。应大力发展基于区域的高端人才培养项目，定位聚焦于新能源领域，服务国家重点地域的新能源发展战略。

建议4：从对口支援到对口合作。同样可以借鉴清华大学对青海大学20多年的对口支援工作经验。目前，青海大学已聚集很多高层次人才，新知识、新技术、新理论源源不断输入。通过大力建设新能源学科平台，青海大学在新能源领域的人才培养、科学研究和服务社会的能力大大提升，逐渐形成了联合支援高校、共同服务区域和国家战略、共同支持地方经济社会发展的新格局。对口支援已成为对口合作，极大地解决了资源与人才配置错位的问题。

（三）产学合作：建立新能源跨学科合作机制，推动校企合作成果转化

在新能源领域的人才培养中，产学研合作是非常重要的一环。调研发现，企业人才培养缺乏系统性的标准和规范，尚未形成成熟的新能源专业人才培养标准、路径和资源。同时，我国新能源领域的研究成果转化率整体偏低，产学研结合有待加强。因此在产学合作方面，建议从以下两个方面入手：

建议5：建立新能源跨学科合作机制。新能源领域涉及多个学科，应整合新能源相关学科，包括电气工程、材料科学、化学工程、控制工程、人工智能等，形成完整的新能源学科体系。加强对新能源相关专业的支持和引导，培养新能源领域的专业人才。将不同学科的知识融合在一起，培养具有综合素质的新能源工程人才。加强交叉学科建设，如新能源与环境、新能源与材料等，打造一支高水平的复合型创新人才队伍。建立新能源实验室、新能源工程研究中心、新能源技术研究院等，形成一批具有国际竞争力的创新平台，为新能源领域的科研和人才培养提供支撑，起到基础研究的学术引领作用、应用技术的

研发支撑作用。围绕产业链、创新链、人才链调整专业设置,形成与新能源产业布局相适应的学科专业布局。

建议6:推动校企合作成果转化。高校应与新能源产业领军企业建立战略合作伙伴关系,加强对校企合作成果的管理和推广,积极探索成果转化的模式,通过联合研发、技术转移等方式,共同推进新能源技术的研发和产业化进程。企业可以为高校提供项目支持、设备设施、实践机会等,帮助学生更好地掌握新能源领域的技术和知识。未来新能源高端人才的来源集中在高校,要加大产学研结合力度,让高校真正参与研发,让处于科技前沿的企业高端人才走进高校担任兼职教授。

(四)师资培养:强化新能源师资队伍建设,完善师资培养与考核机制

提高师资队伍建设是一个长期的过程。为提高我国新能源领域的人才素质和行业发展水平,在师资培养方面,建议从以下两个方面入手:

建议7:建立完善的师资培训机制。强调工科教师的教育背景和实践经验具有同等的重要性,加强对新能源工程实践的理解和传授。通过吸引更多的高水平人才,加强师资队伍建设,提升教师的专业水平。同时,为教师提供持续的职业发展机会,以更新教育技能和知识。鼓励教师参与新能源行业工程项目,积极参与一线企业的科研活动,以提高工程实践水平,紧密跟踪新能源行业发展趋势。

建议8:强化科学的教师评估体系。建立科学的教学评估和管理机制,严格把控教学质量,保证学生的学习效果。加强教师交流和合作,建立教师交流和合作的机制,例如教学团队、教研组等,以促进教师之间的交流和学习。加强师德师风建设,提高教师的职业道德和职业素养,增强新能源领域教育的公信力和权威性。建立良好的薪酬体系,给予教师合理的薪酬,以吸引和留住高素质的教师。

(五)人才保障:加快新能源领域人才培养与引进,实施保障激励政策

新能源行业高速发展,且存在很多核心技术突破压力,前瞻性和多元化人才培养的需求越来越迫切,但每年的高校毕业生数量有限,导致后备梯队力量

不足。因此在人才保障方面,建议从以下两个方面入手:

建议9:加强对创新型人才的培养和引进。应当加大对新能源领域的科技人才培养和引进力度,为培养和吸引优秀人才提供经费与政策支持。在税收、职业补贴、科研投入补贴等方面出台差异化政策,增强行业对优秀人才的吸引力;加大对新能源企业科研投入的支持,鼓励科技创新;加大知识产权保护力度,完善行业竞业限制条款,在法律层面保护企业创新和培养人才的积极性。

建议10:加强对人才的保障和激励政策。政府应当建立健全人才保障和激励政策,包括加强人才薪酬、职称评定、科研经费、家属安置、子女入学等方面的保障,以及制定更加灵活多样化的激励政策,解决从业人员的后顾之忧。同时,加快推进产业服务体系建设,建立各类各级新能源技术培训及人才培养基地,以国家标准为标尺,为新能源从业人员提供技能培训和资质能力鉴定。

附录 1 访谈提纲

一、国家战略和能源政策及其关系与作用等方面

1. 您认为我国碳达峰碳中和目标的提出,对高校人才培养、能源行业发展提出了什么新要求?
2. 您认为我国在能源转型方面,目前有哪些标志性事件或典型性工作?(从政府、企业、高校角度)
3. 国外发达国家有哪些值得我国借鉴与学习的地方?(从国家战略、政策法规、人才培养等角度)
4. 您在这个方面的其他想法。

二、新能源领域的国家竞争格局比较、技术创新趋势等方面

1. 欧洲、北美、亚洲等国家新能源领域的竞争格局(国家比较)。
2. 欧洲、北美、亚洲等国家新能源领域的技术创新趋势(技术路线)。
3. 在这方面您希望与我们分享的其他内容。

三、新能源领域的工程科技人才培养和人才胜任力要求等方面

1. 工程科技人才培养与新能源产业发展的关系?(人才培养是否满足社会需求等)
2. 您认为我国在新能源领域工程科技人才培养方面面临的挑战有哪些?(是否有比较好的解决方案等)

3. 您认为我国新能源产业人才培养的现状如何？（如在规模结构、科教产融合、人才胜任力要求、工程师—企业导师流动机制等方面）

4. 与国外高水平大学相比，我国在人才培养、人才胜任力要求等方面存在哪些主要差异？（优势、劣势比较）

5. 请列举几所我国高校在能源类学位项目的人才培养模式、培养特色与典型经验（包括课程设置、培养方案、校企合作项目、实践环节等方面）。

附录2 调研报告

课题组于2022年7月23—30日期间赴青海省,对青海新能源人才培养及行业发展现状进行调研。调研地点主要为高校与新能源企业,具体包括黄河公司、青海大学、国家电网公司青海省电力公司、国家电投光伏产业技术创新中心等。基于研究问题,本研究主要采用访谈法和文本收集法进行资料收集。结合具体研究问题,访谈法主要用于获取受访者对国家战略和能源政策的关系与作用、新能源领域的国际竞争格局、新能源领域人才胜任力及其培养等相关问题的看法。文本收集主要包括青海省能源规划、青海大学新能源专业人才培养方案、电力公司关于人才培养的规章制度等。

一、黄河公司基本概况

青海省拥有丰富的风、光和地热资源,为新能源发展孕育了肥沃的土壤,是中国的清洁能源大省。青海省光伏电站作为重要的清洁能源之一,创造了2个世界之最。2022年6月,青海省海南藏族自治州光伏发电园区与龙羊峡水光互补发电站获得吉尼斯世界纪录认证,分别成为全球最大装机容量的光伏发电园区和最大装机容量的水光互补发电站。

黄河上游水电开发有限责任公司(简称黄河公司)是国家电力投资集团有限公司控股的大型综合性能源企业,成立于1999年10月。黄河公司成立以来,加快黄河上游水电资源和新能源开发,积极延伸上下游产业链,产业分布在青海、甘肃、宁夏、陕西等省(自治区),是青海省最大的发电企业、清洁能源企业、能源供应的主力军,是"全球新能源企业500强和中国十大储能运营商"之一。截至2022年6月,黄河公司电力总装机2751.21万千瓦,其中:水电1154.24万千瓦,火电262万千瓦,新能源1334.97万千瓦(光伏846.02万千瓦,风电488.95万千瓦)。在青电力总装机2402万千瓦,占青海省电力总装机的56%,2021年在青发电量、供电量分别超过全省的70%和80%。

黄河公司不仅致力于黄河上游水电资源的开发,还积极培育、延伸产业链条,加快推进产业结构调整,打造了黄河上游以清洁能源为主的产业集群。其中光伏电站已成为中国乃至全球最大的光伏电站运营商,使用"互联网+光伏"模式,开展"风光储互补""光伏发电系统实时在线测试""光伏发电系统智能数据分析"等前沿关键技术研究,建成智能光伏电站及光伏电站大数据应用中心,打造全球首个光伏、储能户外实证实验平台(大庆基地),拥有国际领先的水光互补技术,建成国家百兆瓦太阳能发电实证基地,光伏发电建设和运营水平全球领先。

二、黄河公司人才培养情况

黄河公司秉承"扎根高原、艰苦奋斗、无私奉献、追求卓越"的企业精神,发展成为国家电投集团的骨干产业集群,致力于打造国内一流的综合能源企业,新能源的领军企业,在人才选拔、人才培养、人才激励方面营造良好环境,建立职业生涯发展双通道体系,搭建人才全面发展的广阔平台。黄河公司每年10月份前后都会组织高校毕业生招聘活动,以2022年校园招聘公告来看,招聘专业类型主要以电气与自动化类、水动类、热动类、机械类、能源动力类、化工类等为主(详见附表1)。校园宣讲主要在华北电力大学(北京)、中国矿业大学(北京)、华北电力大学(保定)、中国石油大学(北京)、中国地质大学(北京)、北京化工大学、东北电力大学、吉林大学、哈尔滨工业大学、河北工业大学、长春工程学院、兰州理工大学、兰州工业学院、兰州交通大学、西安理工大学、西北农林科技大学、西安交通大学、西北工业大学等30多所高校进行。新进员工报到后,公司将集中组织素质拓展、企业认知及职业素养培训、入厂培训、结业考试等,预计4周左右,培训结束后分配到公司所属各单位报到工作。

黄河公司总经理、党委副书记在五届一次职代会、四届一次工代会暨2022年工作会议上的报告中提出:黄河公司将发挥党管干部、党管人才优势,突出需求导向,围绕公司发展需要培养选拔领导干部、优化人才配置,促进人才成

附表 1　黄河公司 2022 年校园招聘专业汇总

序号	专业分类	专业名称	招聘计划	学历
1	电气与自动化类	电气工程及其自动化/智能电网信息工程/电力系统等	较多	本科
2	热动类	热能与动力工程(热动、热控、集控)等	少量	本科
3	水动类	热能与动力工程(水动、流体机械)等	较多	本科
4	机械类	机械设计制造及其自动化/过程装备与控制工程/机械工程等	较多	本科
5	能源动力类	能源工程及自动化/能源主动力工程/风能与动力工程/新能源科学与工程等	较多	本科
6	化工类	电厂化学/化学工程与工艺/应用化学/工业化学等	少量	本科
7	土木与水利类	土木工程/水利水电工程/水文与水资源工程/水文气象等	少量	本科
8	造价类	工程造价/经济学/工程管理等	少量	本科
9	电子信息类	电子信息工程/通信工程/软件工程/电子科学技术/网络工程/微电子科学与工程/计算机软件/计算机科学与技术等	少量	本科及以上
10	财务与金融类	会计学/财务管理/审计学/金融学等	少量	本科
11	管理类	档案学/物流管理/市场营销/人力资源管理/劳动与社会保障/新闻学/汉语言/法学/法语等	少量	本科
12	地质与矿业类	地质学/矿业加工工程/采矿工程等	少量	本科
13	其他工学类	测绘工程/安全工程等	少量	本科
14	其他工学类	半导体材料应用等	少量	本科及以上

长与公司发展深度融合。充分利用好专家工作站、博士后工作站、联合实验室等平台和各级光伏技能竞赛契机,加快人才培养选拔步伐。持续强化国际化发展人才队伍建设,为境外项目高质量发展提供强有力的人才保证和智力支持。加快培养数字化平台开发运营技术人员,增强信息系统自主运维技术力量。

三、黄河公司校企合作情况

黄河公司大力实施创新驱动战略,构建"企业为主体、市场为导向、产学研相结合"的技术创新体系,积极推进国际国内交流合作,始终重视科技创新和人才培养工作。在国内交流合作方面,黄河公司联合知名企业和高校及科研院所,建立了包括3个国家重点实验室分实验室在内的18个联合创新实验室(见附图1),设立博士后科研工作站,大力开展产学研用深度融合的联合创新、协同创新。依托黄河公司建立国家电投集团光伏产业创新中心、储能产业创新中心,全方位支撑光伏产业技术进步和高质量发展。

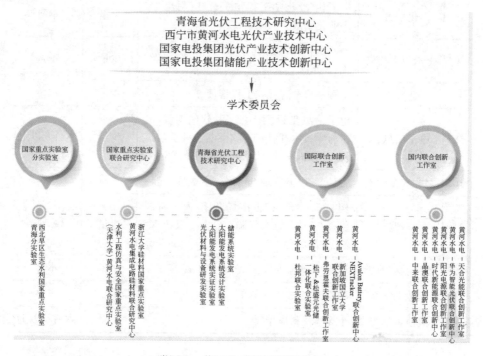

附图1 黄河公司创新研发平台

2022年7月,黄河公司与华为数字能源技术有限公司签署联合光伏人才培训基地战略合作协议。依托黄河公司光伏发电资源,发挥各自技术优势、产业优势、人才优势,结合国家和区域经济社会发展需求及"双碳"战略,打造智能光伏人才联合培养基地。

黄河公司目前已取得"青海省光伏发电技术工程研究中心""青海省新能源材料与储能技术重点实验室""省级工程技术研究中心""省级企业技术中心"等资质。黄河公司已累计申请专利 1208 件，科技成果共获得各类奖项 142 项。黄河公司探索"光伏+治沙""光伏+生态治理""光伏+农牧业""光伏+旅游""光伏+建筑""光伏+综合智慧能源"，以及绿色替代、智慧场站、零碳园区等新业态、新模式，全方位支撑清洁能源高质量发展。

在国际交流合作方面，黄河公司积极稳妥推进可再生能源产业优势的国际化发展，打造境外电站投资、工程技术服务、太阳能组件销售的国际化业务体系。坚持低碳绿色理念，参与国际能源合作，完善市场开发布局，研究后疫情时代境外投资路径，有序融入世界产业链和创新生态圈。重点围绕中东、北非、撒哈拉以南非洲区域，着力打造境外示范型、国际一流光伏电站投资项目。协同发展储能、水电、风电等清洁能源项目，拓展多能互补、"光伏+"、微电网、绿氢、综合智慧能源国际化应用项目。

附录3 美国水电劳动力：机遇与挑战*

（报告摘选）

作者：国家可再生能源实验室（National Renewable Energy Laboratory，NREL）Jennifer Daw、Jeremy Stefek、Elise DeGeorge、Ritu Treisa Philip、Arielle Cardinal、Linda Parkhill。

NREL是美国能源部能源效率和可再生能源办公室的一个国家实验室，由可持续能源联盟有限责任公司运营。

致谢：作者感谢美国能源部水力技术办公室的Ashley Brooks和Allison Johnson的远见和指导，他们推动了本报告的编写。我们还感谢Amy Brice和Betsy Stratton的项目管理和编辑支持，以及Jennifer Breen Martinez和One Tribe Creative的图形设计支持。最后，我们感谢以下个人对报告的审查和评论：Heidi Tinnesand（NREL）、Tessa Greco（NREL）、Bree Mendlin（水电基金会）、Steve Wenke（Mana咨询）和Shannon Ames（低影响水电研究所）。

注意事项：这项工作是由国家可再生能源实验室撰写的，由可持续能源联盟有限责任公司根据合同号DE-AC36-08GO28308为美国能源部（DOE）运营。资金由美国能源部能源效率和可再生能源办公室水电技术办公室提供。本文所表达的观点不一定代表能源部或美国政府的观点。英文原版报告可从国家可再生能源实验室（NREL）免费获得，网址是：www.nrel.gov/publications。

---

* 《美国水电劳动力：机遇与挑战》中文报告（节选）为本课题组翻译，仅做学术研究使用。为便于阅读，中文报告添加了标题。

前言

在过去的四年里,国家可再生能源实验室(NREL)与水电行业、学术界和学生合作,了解美国水电劳动力渠道的前景和挑战。

这项工作和研究由美国能源部(DOE)水力发电技术办公室赞助,作为国家可再生能源实验室领导的水电科学、技术、工程和数学(STEM)到劳动力项目(Water Power Science, Technology, Engineering, and Mathematics (STEM) to Workforce)的一部分,该项目的目标是开发工具和计划,以加强水力发电劳动力管道。

本报告分享了该研究的结果,并提供了美国水电劳动力趋势的最新情况,作为 NREL 2019 年报告《美国水电劳动力发展:主要趋势和发现》(Keyser and Tegen 2019)的后续报告。本文还介绍了 NREL 和水电基金会的调查工作以及水电行业的最新数据。

一、水电行业正在发生变化,对强大的劳动力输入渠道的需求从未像现在这样关键

这是水电行业的变革时期。在未来 10 年内,超过 1/4 的 55 岁以上的国内水电劳动力将退休,因此建立强大的劳动力管道的必要性从未像现在这样迫切。水电工人老龄化和离开劳动力队伍的人数正在增加,随着该行业更有经验的工人退休,导致知识流失的风险更高(Keyser 和 Tegen 2019)。为了取得成功,该行业需要新的、多样化的人才来填补许多不同职业的空缺,促进创新,并支持水电在美国电网中不断发展的作用。

水电是美国可再生能源发电的主要来源之一,也是公用事业规模储能的最大来源。2021 年,水力发电约占美国公用事业规模总发电量的 6.3%,占可再生能源总发电量的 31.5%,传统夏季净发电量略高于 80 吉瓦(GW)(美国能源情报署[EIA] 2022a)。同年,美国抽水蓄能水电发电量超过 23 吉瓦(EIA 2022b)。抽水蓄能水电目前占美国所有公用事业规模储能的 93%,其增长速度几乎与所有其他储能技术的总和一样快(Uría-Martínez, Johnson, and Shan 2021)。

水力发电在发电和储存方面已经成为美国电力系统的重要贡献者,它还

提供关键的辅助服务,以确保灵活和有弹性的电网。快速增加水力发电的能力提供了宝贵的灵活性,可以在不中断的情况下满足电力需求。水电也是提高风能和太阳能等可变可再生能源发电份额的关键(UríaMartínez, Johnson, and Shan, 2021)。水力发电提供的灵活性和能量储存能力使其他可再生能源能够整合到电网中,从而提供一种可再生能源,可以帮助美国实现其积极的气候目标。

水电作为其他可再生能源的"力量倍增器",使其成为不断发展的电网的重要资产。不过,要实现这种演变,还需要更多的创新。虽然水力发电通常与大型基础设施联系在一起,但美国的大多数水力发电设施都比胡佛水坝等著名的标志性项目小得多。此外,全国9万座水坝中只有不到3%在发电;即使对这些水坝中的一小部分进行改造,也可能为美国电网带来更多可再生、可靠的电力(美国陆军工程兵团,2022年)。

水电行业需要继续创新,利用增长机会,如改造无动力水坝,调整现有设施的运营,以减轻对社区和环境的影响。诸如低影响水力发电、安全的鱼类通道和更具包容性的规划程序(如"罕见对话")(斯坦福大学,未注明日期)等创新正在被用于促进水电基础设施取得更可持续的成果。从水电STEM到劳动力项目的研究显示,许多学生和潜在的工人对水电行业的了解有限,并认为这是一个"已解决的问题"。然而,水电问题远没有"解决"。

随着整个能源部门对工人的需求持续增长,我们非常需要提高对美国水电行业在未来脱碳中所起的作用以及所带来的就业机会的认识。与其他行业的劳动力竞争以及劳动力老龄化,凸显了加强水电国内劳动力储备这一问题的紧迫性,以满足水电行业当前和未来的需求。

二、水电行业劳动力概况

2021年,常规水电行业在公用事业、制造业、专业服务、建筑业和贸易部门雇用了64514名工,比2020年增加了1400名工人,但比2019年总体减少了3300名工人。2021年,抽水蓄能水电行业又雇用了7901名工人。[①] 常规水力发电行业的工人占电力部门雇用的所有工人的7.5%,高于核电(6.5%),但

---

① 劳动人口是指15岁及以上的人。

少于太阳能(39%)、风能(14%)、煤炭(8.3%)和先进天然气(8%)(Keyser 2022)。① 由于 COVID 疫情,能源部门的就业受到影响;然而,2021 年的美国能源和就业报告反映了一个反弹,增加了 56 万个工作。

大多数常规水电工人(27%)在公用事业部门,其中包括水电站操作员、维修人员、工程师和其他专业人士,其次是制造业(25%)。与 NREL2019 年的水电劳动力报告《美国水电劳动力发展:主要趋势和发现》(Keyser and Tegen 2019;以下简称"2019 年 NREL 报告"),2021 年的这些细分情况有微小的差异,贸易和运输及公用事业类别各增加 1%~2%,而制造业则增加 2%。建筑业减少了 3%。大多数抽水蓄能工人在建筑业(39%),其次是制造业(30%)和专业服务(17%)(Keyser 2022)。与传统水电相比,建筑工作占抽水蓄能工人的比例更大。在水电行业,技术工人(建筑、制造、贸易、运输、管道、其他服务)和非技术工人(专业和商业服务)有许多职业道路(详见附图 2)。

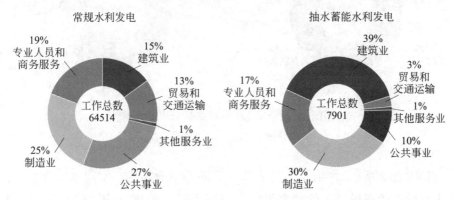

附图 2 常规和抽水蓄能水电部门的就业情况,按行业划分

数据来自 Keyser (2022)

水电行业有许多职业道路,适合具有广泛的技术和非技术技能的工人。

在整个报告中,我们描述了水电行业的不同部分:

- 常规发电水电(或"常规水电")包括传统设施和较小的、影响较小的水电设施,它们使用大坝、蓄水池或分流来发电。这方面的例子包括传统水电大坝、导管内水电、河道内水坝、河道内旁路以及无动力大坝的供电。

---

① 如果在常规水电工人之外再增加抽水蓄能水电工人,那么与水电行业相关的就业人数将高于煤炭和先进天然气。然而,美国能源和就业报告将抽水蓄能分类为输电、配电和储能就业,这无法进行直接比较。

- 抽水蓄能水电　包括其他可再生能源产生的多余能量可以储存起来的设施,通过在两个不同海拔的水库之间移动水,在以后的时间使用。开环水电与自然流动的水景连续相连,而闭环水电则是离流,不与自然流动的水源持续相连。

水电行业的很大一部分(31%)集中在传统水力发电和抽水蓄能的现有设施的运营与维护上。大约有20300个工作岗位是现场水电工人,他们操作和维护现有的常规与抽水蓄能设施;这个数字不包括合同或供应链的工作(详见附图3)。

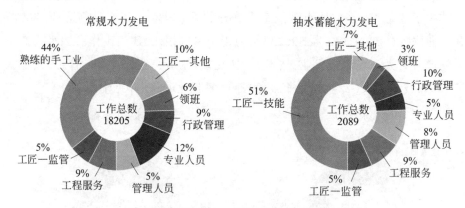

附图3　现场水电工作的数量和职业分类

数据来自 Guidehouse（2019）

如附表2所示,水电工人代表八个不同的职业类别。常规水电和抽水蓄能水电设施的现场工人的最大份额是熟练工匠。与2019年的NREL报告相比,常规和抽水蓄能的整体现场工作数量大约减少了11.7%。

附表2　水电工人职业分类

职业分类	职业描述
行政助理	文员、行政助理、客服等
熟练工匠	电工、机械师、仪表技师、操作员等
工匠—其他	普通工人、保管员等
工匠—监管	直接报告对象包括工艺领班和工艺人员(维修经理/主管,轮班主管等)或熟练工艺人员
领班	负责监督工艺人员的领头工人

续表

职业分类	职业描述
管理人员	直接报告对象包括主管和其他经理(综合管理、项目和项目经理、供应链经理等)
专业人员	财务、人力资源、法务人员、金融分析师、生物学家等
工程服务	工程师(土木、环境、机械、电气)、制图员、工程技术员等

水力发电在很大程度上依赖于工匠和贸易人员,而这些工作在美国的劳动力中处于高度竞争状态。

目前美国水电劳动力(包括常规和抽水蓄能)中最大的份额是基础和熟练的工匠,占58%的工作岗位水电在很大程度上依赖于工匠和贸易人员,这些工作在美国劳动力市场的竞争也很激烈。根据美国能源和就业报告(Keyser 2022)92%的受访者指出,在2022年的发电行业,建筑工作岗位(包括大部分支持建设发电厂的基础和熟练工匠)的增幅最大(11300个工作岗位),但招聘难度也最高(详见附图4)。

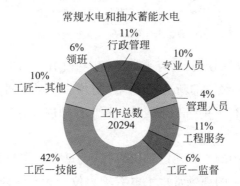

附图4 工匠和贸易人员代表最大的水电工人群体

数据来自 Guidehouse(2019)

水电站操作员和控制室操作员是水电特定的角色,需要许多基础和技术行业的知识以及工作经验,通常通过学徒计划和知识共享提供。控制室操作员(70%)和工厂操作员(61%)的基本要求是高中文凭(Guidehouse 2019)。这些角色在很大程度上依赖于知识转移系统和学徒计划来提供必要的技能与培训。

进入劳动力市场的经验少于5年的新工程师越来越少。

工程服务工作,特别是具有水电具体经验的工作,代表了水电行业的一个庞大的工人群体。Guidehouse(2019)的新生代知识服务水电数据(The Generation Knowledge Service Hydro)数据显示,水电行业工程师的平均经验水平随着时间的推移而增长(详见附图5)。

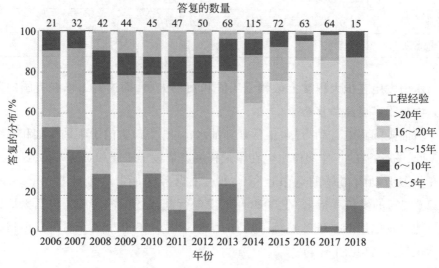

附图 5　水电劳动力工程经验趋势

数据来自 Guidehouse(2019)

2014年至2017年期间,拥有平均工程经验(16~20年)的工人比例有所增长,而拥有1~5年经验的新工人比例没有增长。尽管回复的数量每年都在变化,但数据表明,有1年到5年经验的新工程师进入劳动力市场的趋势越来越少。

水电设施在美国的所有地区都可以找到,每个工作类别的工人数量因地区和技术而异。最大的现场常规水电劳动力位于太平洋西北地区,该地区拥有最多的水电装机容量。最大的现场抽水蓄能水电劳动力在西南部,而最大的装机容量在东南部。与2019年NREL报告的调查结果类似,现场水电工作的最大比例是工艺技能类。GKS Hydro的数据表明,在过去10年里,水电行业对工匠和贸易人员的需求有所增加。

三、水电教育渠道

自水电STEM到劳动力项目开始以来,NREL和水电基金会与学术界、学生和行业进行了接触,以更好地了解美国水电劳动力渠道的实力,以满足行业需求。项目团队进行了一系列调查,以了解水电行业面临的挑战和看法。这些调查不能作为整个水电行业的详尽代表;相反,它们提供了一些信息,用于与工业界、学术界和学生进行对话,并为项目方向提供信息。

在接受调查的美国学校中,近70%不提供水电学位课程。超过77%的水电行业受访者表示,应届毕业生对水电行业的了解有限,23%的人表示一无所知。

学术机构调查

2019年,NREL和水电基金会联系了26所美国高等教育学校,这些学校有水电方面的已知课程、项目或活动,以记录现有的教育项目和课程,以满足水电劳动力的需求。近70%的受访学校不提供水电学位课程。在一些学校,水电被列为其他能源课程的一个主题,或者可以作为一个专业领域进行研究。学校表示有兴趣扩大水电项目;然而,34%的人认为缺乏资金是主要障碍。此外,学校表示,学生们没有意识到水电作为一个增长型行业或水电作为职业道路的重要性或相关性。

学生调查

2020年,NREL和水电基金会对来自20所不同高中和大专院校的74名学生进行了调查,以了解他们对水电行业职业的看法和兴趣。调查结果显示,93%的受访学生认为水电是一种可再生能源,排在太阳能和风能之后的第三位。此外,76%的学生表示他们对水电课程感兴趣,但许多人在学校没有水电课程。超过60%的学生表示,他们要么不确定,要么不认为水电是一个正在发展的领域。反馈还表明,许多学生对水电在电网中的作用缺乏了解,并将水电与大坝对环境的负面影响联系起来。最后,28%的人表示他们不知道该行业存在的工作岗位,也不了解所需的工作和技能。学生们通常将水电与工程、项目开发、工艺和贸易工作联系在一起。

行业调查

2021年,NREL和水力基金会对美国水力发电行业进行了调查,以评估学生对水力发电工作的准备情况,重点关注最近进入水力发电行业的毕业生。收到了32份答复。超过77%的受访者表示,应届毕业生在开始工作时对水电行业的了解有限,23%的人对此一无所知。只有10%的受访者表示,学生在进入水电行业时已经为水电行业的工作做好了准备。受访者表示,对新水电工人的行业教育往往落在雇主身上,22%的行业受访者表示,他们为新员工提供水电基础教育。受访者表示,如果说学生们对水电有所了解,那也是在实习或之前的工作经历中获得的。

2021年的调查还向水电行业代表询问了他们在招聘新的入门级工人时遇到的挑战。不熟悉水电、缺乏相关经验或技能以满足工作要求、对地理位置不感兴趣、对水电缺乏兴趣或误解、缺乏相关学位或课程,都是水电行业招聘面临的挑战。水电行业也在与其他行业争夺具有可转移技能的工人。受访者建议,可以通过为学生提供更多相关的工作经验、水电课程和实践学习机会来加强水电劳动力渠道。受访者还鼓励水电行业加强与学术界的合作,包括提供演讲嘉宾和参观活动,以提高人们对该行业职业的兴趣和认识。

四、退休和人员流动的增加凸显了向新员工传授组织和业务知识的重要性

退休、招聘和知识转移

调查受访者表示,在未来5~10年内,经历高退休率的主要工作包括熟练工艺和贸易人员(如电工、机械师、操作员)及工程服务人员(如工程师、绘图员、技术人员)。此外,受访者指出,工程服务岗位的人员流动率很高,这些人不是退休,而是离开公司去找新工作。受访者预计,未来10年,工程服务岗位将是该行业增长最快的岗位;环境科学、技术工艺和贸易工作也有望大幅增长。

对员工保留、退休和离职的担忧凸显了向新员工传授组织和操作知识的必要性。当被问及他们的组织如何转移知识时,34%的行业受访者表示他们使用人与人之间的转移,27%使用书面文件,20%使用计算机软件。只是一小部分,11%的受访者表示没有正式的知识转移系统(详见附图6)。

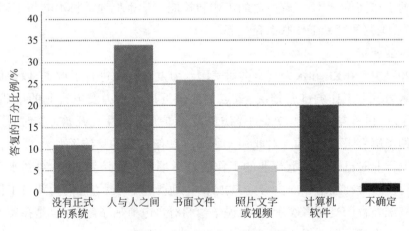

附图6 水电行业知识转移系统

新水电工人的招聘和就业准备方面的挑战可以通过扩大技术培训、学徒制和教育推广来克服。

针对这些招聘挑战提出了几种解决方案,近 1/3 的受访者建议扩大技术培训和学徒制,以通过实践学习提高就业准备。水电行业为满足其劳动力需求而提出的其他解决方案包括更多的教育推广,例如开发共享课程和教育材料,以提高教育工作者、学生和公众对行业的认识;更多的资金支持水电教育和研究;以及推广和重塑水电品牌的活动(详见附图 7)。

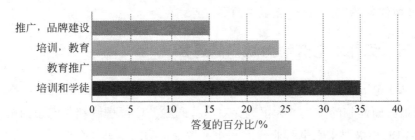

附图 7　改进水电行业招聘工作的建议

工匠与行业

2022 年水电行业调查还向受访者询问了一系列针对工匠和行业工人的问题,这些工人对可转移技能的需求很大。受访者表示,他们招聘这些工人的主要方式是与职业学校合作和推广(26%),学徒计划(26%),以及从具有可转移技能的行业招聘(22%)。据受访者称,水力发电对熟练工匠和行业工人的主要竞争对手是制造业、其他可再生能源技术、海运业和国防部门。

虽然 28% 的水电行业调查受访者利用工会来帮助招聘工匠和行业工人(理由是工会可以帮助识别具有特定技能的工人),但 72% 的受访者没有利用工会,因为通常没有针对所需工作或技能的特定工会。与职业学校合作和使用求职网站是工匠与行业工人学习水电工作的主要途径。其他途径包括正式的招聘计划,与行业协会的合作和拓展,以及与当地社区的拓展。

机械、仪表和控制(I&C)技术人员、监督控制和数据采集(SCADA)技术人员以及电工被认为是行业最难找到合格申请人的工匠和贸易工作。受访者指出,他们预计在未来 10 年里,工匠和贸易工作的增长率最高,包括仪器仪表和控制、SCADA 以及计算机化维护和管理系统(CMMS)。机械师、技术人员、电工和网络专家也因其在该行业的潜在增长潜力而受到重视。

受访者表示,新工匠和行业工人最常见的知识差距是缺乏具体的水电专业知识,并指出新入职者拥有符合该职位要求的基本技能,但往往没有水电行业知识。在接受调查的水电行业代表中,83%的人表示,他们通过在职培训为工匠和行业工人培养了所需的技能。受访者还表示,他们正在增加对工艺和贸易工人的计算机技能培训,包括 SCADA、可编程逻辑控制器、人机界面和电子技术。

水电行业吸引新人才,克服招聘挑战,有效地将老员工的知识转移给新员工,并留住熟练工人,这一点至关重要。

五、弥补水电劳动力缺口的途径

从水电 STEM 到劳动力项目的调查结果,可以一瞥美国水电行业在劳动力管道方面面临的挑战。为了确保对这些问题的广泛理解和制定正面解决方案,NREL 积极寻求水电行业代表和相关教育机构的意见与合作。

例如,成立了一个由工业界和学术界成员组成的咨询委员会,并与水电基金会、国家能源教育发展项目(NEED)、博纳维尔环境基金会(BEF)和 KidWind 合作。NREL 和水电基金会还与工业界、学术界和学生进行了一系列对话,征求对项目活动的反馈,并确定优先事项,以加强学术机构、学生和水电行业之间的联系。这些对话涵盖了一系列主题,并促成了:

- 创建 STEM 水电门户网站,提供教育资源、劳动力分析和培训计划
- 开发职业能力地图和"日常生活"视频,以支持水电就业新人
- 创建水电大学生竞赛,以吸引下一代水电工人
- 创建水电课程

从这些合作中获得的见解为新水电劳动力的 STEM 活动的发展提供了信息,确定了美国教育机构需要改善的基础设施,并拓宽了水电行业的知识,为学生提供了一个可行的就业机会。

这些集体努力将通过加强应届毕业生和潜在雇员的水力发电知识和行业意识,使他们更好地为水力发电工作做好准备,从而改变国内水力发电劳动力。以下是水电 STEM 到劳动力项目正在进行的和计划中的活动,以支持水电劳动力输送渠道的扩展:

清洁能源人才中心

通过水电 STEM 到劳动力项目,NREL 和 BEF 合作在太平洋西北部创建

了一个清洁能源人才中心。该中心的目标是授权地方地区根据当地情况定制国家教育和职业相关信息,使社区组织能够掌握特定地区的问题。与 BEF 的合作使各地区能够深入了解和应对当地的挑战,包括部落社区的挑战。随着时间的推移,该项目打算在全国范围内建立更多的区域中心,以加强当地与水力发电行业的联系,并应对特定地区的挑战。

动手学习

由于教育工作者和学生在水电 STEM 到劳动力项目中的反馈,以及水电站的支持。基金会、NREL 和 DOE 成立了水电学院竞赛,为学生提供现实世界的水电学习体验,为未来的行业实习和职业生涯打开了大门。该竞赛旨在激励和培养未来水电行业的劳动力领导者。比赛还包括实践学习以及大学比赛和 K-12 比赛之间的合作。来自行业和竞争参与者的反馈已经证实了这些合作在促进行业参与和向学术界介绍水电概念方面的价值。

在线学习

水电 STEM 到劳动力项目创建的教育材料可在线获取,且易于导航。STEM 水电门户网站包括教育资源;关于水力发电劳动力、网络和职业建设资源的信息;奖品和竞赛信息;与虚拟和亲自参观水电设施的链接;以及相关研究。水电 STEM 到劳动力项目还创建了教育工具,如可再生能源发现岛(REDi Island),以教育和帮助消除对水电行业的误解。REDi Island 通过可再生能源驱动的虚拟岛屿的 3D 动画视频,带领用户踏上了解水力技术和职业机会的旅程。通过 REDi Island 项目,学生、教育工作者和利益相关者可以了解水电的作用和当前的水电创新。

多样性、公平性和包容性

正如美国水电行业人口统计数据和水电 STEM 到劳动力项目调查数据所表明的那样,水电行业有提高劳动力多样性的空间。自 2019 年 NREL 报告发布以来,水力发电劳动力的多样性没有显著改善。增加多样性已成为水电 STEM 到劳动力项目的一个重要目标,并促使项目团队进行对话和外联,以确定在水电行业实现妇女和少数族裔更大多样性的创新方法。这些对话旨在了解代表性不足群体和水电行业的需求与优先事项。为了在水电领域建立更多的多样性,需要在工业界、学术界和代表性不足的群体之间建立伙伴关系。这些合作伙伴关系将为外联和招聘提供信息,通过制定提高行业意识、共享职业信息和吸引潜在员工的方法与计划来支持多样化的劳动力。建立一支更加多样化和包容性的劳动力队伍不仅将为水电行业带来新的视角,还将有助于吸引更多的工人,应对招聘和退休挑战。

共享课程和证书

水电 STEM 对劳动力调查的一个重要发现是,许多中学后学校都没有教授水电,由于缺乏时间、资金和有关最新水电行业技术与实践的可靠信息,开发课程和新项目可能会成为教育工作者的障碍。与 NEED 和 KidWind 合作的水电 STEM 到劳动力项目正在通过开发和共享课程、工具包和其他教育资源来应对这一挑战,并为教育工作者提供培训,使他们能够教授水电。向教育工作者提供有关水电技术和行业趋势的最新信息,并提供可信的水电教育材料,这将有助于提高人们的认识,加强水电劳动力队伍。

在共享课程概念的基础上,水电 STEM 到劳动力项目也在探索与学术和职业机构的正式合作伙伴关系,以提供针对工艺、贸易和中学后学校的水电认证。多学科水电认证可以通过结合实习和实践培训来培养潜在工人的知识与技能,以支持他们为水电行业工作做好准备,并减轻水电行业的培训负担。该认证将涉及技术、环境缓解、电力系统、市场和电网运营等主题,这些主题在水电 STEM 到劳动力行业的调查中被确定为新员工缺乏所需背景的领域。

更加多元化和包容性的劳动力将为水电行业带来新的前景,并吸引更多的工人,有助于解决招聘和退休方面的挑战。

职业道路

正在开发职业能力图和"生活中的一天"视频,以帮助教育工作者向具有 STEM 和非 STEM 主题背景的学生及其他求职者教授水电职业。这些资源将帮助来自任何行业或职业阶段的求职者了解他们的技能和教育如何转移到水电行业,以及特定水电工作的潜在工资范围。这些资源有助于学生和求职者设想他们可以在水电行业从事的工作类型,解决教育工作者和学生面临的挑战,他们表示,缺乏水电职业道路信息是在该行业工作的障碍。

水电 STEM 到劳动力项目也在创建水电劳动力分析资源,包括就业和经济发展影响(JEDI)[①]模型,这是一个公开的、用户友好的工具,可以估计在地方和州一级建造与运营发电厂的经济影响。JEDI 可用于分析传统水电和其他能源对工作与经济的潜在影响。

[①] https://openei.org/wiki/Hydropower/STEM/Workforce_Data_and_Analysis/Jobs_and_Economic_Development_Impacts.

清洁能源创新者奖学金计划始于 2022 财年,资助应届毕业生和能源专业人员在能源领域的主办组织工作两年,包括电力公用事业委员会、市政和合作公用事业以及电网运营商。项目可能包括电网现代化、公平和负担得起的清洁能源和能源效率、电动汽车和建筑电气化的集成、弹性规划、互联互通和费率设计。该项目由美国能源部能效和可再生能源办公室的几个办公室资助,包括水力发电技术办公室。①

六、结论

水电在现代电网中的作用不断演变,工人退休率很高,以及对技术工人的竞争,使这成为水电行业的关键时刻。除了这些挑战,水电教育项目和学生对该行业的有限认识突显了重新激励水电劳动力管道的必要性。水电 STEM 到劳动力项目调查阐明了学术、学生和行业的观点,很明显,需要做更多的工作来满足水电行业的需求,扩大多样性、公平性和包容性。更广泛地需要教育利益相关者水电的独特能力,以实现全球清洁能源转型。水电 STEM 到劳动力项目致力于弥补本报告中发现的差距,并应对加强我们国内劳动力管道以创造下一代美国水电的挑战。现在是教育工作者和工业界共同努力,建立一支更强大、更多样化的水电劳动力队伍的时候了,这将有助于美国实现其清洁能源和气候目标。

参考文献

Guidehouse. 2019. "Guidehouse's Generation Knowledge Services Suite of Benchmarking Services." https://guidehouse.com/media/www/site/insights/energy/2017/en_gkssuite-banchmarkingservices_br_0517-v6.pdf.

Keyser, David. 2022. United States Energy and Employment Report 2022. U.S. Department of Energy. DOE/OP-0016. https://www.energy.gov/policy/usenergy-employment-jobs-report-useer.

Keyser, David, and Suzanne Tegen. 2019. Workforce Development for U.S. Hydropower: Key Trends and Findings. Golden, CO: National Renewable Energy Laboratory. NREL/TP-6A20-74313. https://www.nrel.gov/docs/fy19osti/74313.pdf.

---

① https://www.energy.gov/eere/clean-energy-innovator-fellowship.

Stanford University. Undated. "Uncommon Dialogue Overview." Stanford Woods Institute for the Environment. https://woods.stanford.edu/research/hydropower/hydropower-ucd-overview.

Uría-Martínez, Roccio, Megan M. Johnson, and Rui Shan. 2021. U. S. Hydropower Market Report. U. S. Department of Energy. DOE/EE-2088. https://www.energy.gov/sites/prod/files/2021/01/f82/us-hydropower-market-reportfull-2021.pdf.

U. S. Army Corps of Engineers (USACE). 2022. National Inventory of Dams. Website Version 3.23.1, API Version 3.23.1. https://nid.usace.army.mil/#/.

U. S. Department of Energy (DOE). 2016. Hydropower Vision. DOE/GO-102016-4869. https://www.energy.gov/eere/water/downloads/hydropower-visionreport-full-report.

U. S. Energy Information Administration (EIA) 2022a. "Hydropower Explained." https://www.eia.gov/energyexplained/hydropower/.

U. S. Energy Information Administration (EIA). 2022b. "Where Hydropower Is Generated." https://www.eia.gov/energyexplained/hydropower/wherehydropower-is-generated.php.

U. S. Energy Information Administration (EIA). 2022c. "Form EIA-860 detailed data with previous form data (EIA-860A/860B)." https://www.eia.gov/electricity/data/eia860/.

后 记

"新能源领域工程科技人才培养与战略研究"项目是在中国工程院张建民院士的主持下,由联合国教科文组织国际工程教育中心的课题组完成的。该项目既是一项咨询研究,也有力支持了国际工程教育中心的建设实践。在整个研究过程中,得到了国际工程教育中心理事长邱勇院士、顾问委员会主任周济院士、中心主任吴启迪、执行主任杨斌、袁驷以及国际工程教育中心理事会和顾问委员会部分专家的大力支持。

本研究由清华大学王孙禺教授担任执行负责人,乔伟峰、徐立辉、李晶晶、朱盼协助执行负责人设计了研究大纲和研究思路,并根据研究需要组织了专门的研究团队。本课题的主要执笔人包括清华大学乔伟峰、徐立辉、潘小春、李晶晶、朱盼、李超等,在国际工程教育中心实习的研究生李璐杉(北京工业大学)等同学在案例资料收集和整理方面做了大量的工作。

本项目最后由徐立辉、李晶晶、朱盼、李超统稿。

国际工程教育中心的《国际工程教育战略合作:趋势与前沿》《构建工程能力报告》等前期研究报告,也为本研究提供了相关的基础资料借鉴。

衷心感谢周济院士(清华大学)、马永红教授(北京航空航天大学)、何海燕教授(北京理工大学)、卢达溶教授(清华大学)、李曼丽教授(清华大学)、王晓阳教授(首都师范大学)等在课题评审中提出的宝贵意见和建议。

中国工程院马守磊、刘剑老师,清华机械学院刘向锋教授、李双秀老师等对项目的推进给予了大力支持。在此一并衷心致谢!

"新能源领域工程科技人才培养与战略研究"项目组
2024年1月